PRENTICE HALL
Selecciones
LITERARIAS

COPPER

BRONZE

SILVER

PRENTICE HALL
Upper Saddle River, New Jersey
Needham, Massachusetts

ISBN 0-13-052395-X

1 2 3 4 5 6 7 8 9 10   00 99

Cover: Student Art *Mi orgullo y honor (My Pride and Honor),* Vincent Valdez, Burbank High School, San Antonio, Texas

PRENTICE HALL

Contributing Editor

Jacqueline Kiraithe-Córdova, Ph.D.
Professor of Spanish, TESOL and Foreign Language Teacher Education
Department of Foreign Languages and Literatures
California State University, Fullerton

Review Board

Diana Hinojosa
Teacher
Rio Grande I.S.D.
Rio Grande City, Texas

Robert López
Teacher
Gage Middle School
Huntington Park, California

Cecilia Martínez Langley
Teacher
Coral Way Elementary
Miami, Florida

Leticia Ramírez
Teacher
Tomball Independent School District
Tomball, Texas

Acknowledgments

Editorial, design, and production coordination by Curriculum Concepts.

Art credits begin on page 151.

Grateful acknowledgment is made to the following for permission to reprint copyrighted material:

Teresa Palomo Acosta
"La canción de María Martínez" by Teresa Palomo Acosta. Translated and reprinted by permission of the author.

Agencia Literaria Carmen Balcells, S.A.
"Don Payasito" by Ana María Matute from *Historias de la Artámila,* Ana María Matute, 1961. Reprinted by permission of Agencia Literaria Carmen Balcells, S.A.

Arte Público Press
"Viejo" by Ricardo Sánchez is translated and reprinted with permission from the publisher of *Selected Poems* (Houston: Arte Público Press-University of Houston,

1985). "Béisbol" by Lionel G. García is reprinted from *I Can Hear the Cowbells Ring* (Houston: Arte Público Press-University of Houston, 1994). "Naranjas" by Ángela McEwan-Alvarado is reprinted with permission from the publisher of *Revista Chicano-Riqueño* (10; 1-2) (Houston: Arte Público Press-University of Houston, 1993). "Esta mañana había un arco iris en la regadera" by Lorna Dee Cervantes, edited by Phyllis Tashlik is reprinted from the publishers of *Hispanic, Female and Young: An Anthology* (Houston: Arte Público Press-University of Houston, 1994). Translated by permission of Arte Público Press.

(continued on page 150)

Contenido

Tapiz norteamericano

Justicia para todos

Cambios positivos

Escoge tu propio camino

Lee activamente

¿Cómo se relaciona esta lectura con mi mundo?

¿Cómo puedo aprovechar mejor lo que leo?

La respuesta a preguntas como éstas es ser un lector activo, un lector comprometido. ¡Como lector activo, tú mismo estás a cargo de la situación de la lectura!

Las siguientes estrategias te indican cómo pensar como lector activo. Siéntete libre de elegir aquéllas que se adecuan mejor a cada situación.

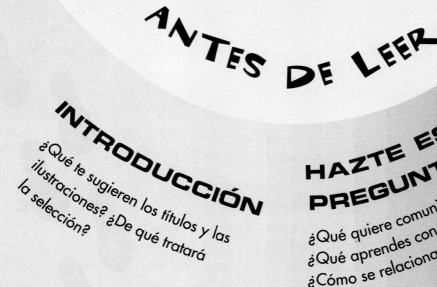

ANTES DE LEER

INTRODUCCIÓN
¿Qué te sugieren los títulos y las ilustraciones? ¿De qué tratará la selección?

HAZTE ESTAS PREGUNTAS
¿Qué quiere comunicar el autor con su lectura?
¿Qué aprendes con el tema?
¿Cómo se relaciona esta selección con tu vida?

APLICA LO QUE SABES
¿Qué sabes ya?

MIENTRAS LEES

ADIVINA

¿Qué pasará? ¿Por qué? Puedes cambiar de opinión a medida que vas leyendo.

PREGÚNTATE

¿De qué trata la lectura? ¿Por qué hacen los personajes lo que hacen? ¿Por qué te da el autor ciertos detalles o usa una palabra determinada? Tus preguntas te ayudarán a inferir y verificar los hechos.

VISUALIZA

¿Cómo serían estos sucesos y personajes en una película? ¿Cómo se reflejarían las descripciones del escritor en una fotografía?

RELACIONA

¿Son los personajes como tú, o como alguien que tú conoces? ¿Qué harías tú en situaciones similares?

DESPUÉS DE LEER

RESPONDE

Comenta lo que has leído. ¿Qué piensas?

EVALÚATE

¿Cómo te fue? ¿Fueron acertadas tus predicciones? ¿Encontraste respuesta a tus preguntas?

CONTINÚA

Muestra lo que sabes. Involúcrate. Haz un proyecto. Sigue aprendiendo.

El ejemplo que se muestra en la página siguiente, ilustra lo que pensó Carolina Stein mientras leía activamente "La casa donde me decían Poldita".

Me llamo Carolina Stein. Estudio en la escuela "G. W. Carver Middle School" de Coconut Grove en Florida. Me gustó este cuento porque disfruté al leer acerca de los recuerdos gratos que la autora tiene de su abuela. Las notas de los márgenes expresan mis pensamientos y preguntas según leía.

Carolina Stein

Al leer el título me parece que el cuento trata de Poldita y la casa donde creció. ¿Poldita fue una persona? Quiero seguir leyendo para ver quién es Poldita. [Introducción]

La casa donde me decían Poldita

Poldy Bird

Esto me hace imaginar una persona mayor (adulta), muy tranquila. [Adivina]

En octubre ya mareaba el olor de las rosas. Blancas, color té, rojísimas. Con tus manos serenas y sabias y la tijera negra, las cortabas, de largos tallos, y armabas con ellas magníficos ramos en los jarrones del comedor.

Me imagino un jardín frondoso, muy bien cuidado similar al jardín del "Secret Garden". Me imagino una niña pequeña hablando con su abuela por los caminitos. [Relaciona]

Abuela, Mamá Sara, vos no conocías, como yo, los rincones secretos del jardín, pero te dabas cuenta si arrancábamos espuelas de caballero, caléndulas, jazmines del cabo…y hasta veías el brevísimo claro que dejaba la falta de un ramito de jazmines del país…

Todas las tardes, con paso majestuoso, jabot almidonado de puntillas, rodete en alto y tintineantes pulseras, dabas una vuelta por los caminitos de greda, alta reina de mi infancia, condescendiendo a mirar a las nomeolvides.[1]

---

1. nomeolvides: flores de la raspilla

Palabras básicas

jarrones: grandes jarros; vasijas de bocas más angostas que la jarra y con un asa

Abuela de envidiado costurero lleno de botoncitos de colores. Abuela de inigualables scones tapados con un repasador almidonado, sobre la mesa de la cocina, en un ingenuo intento de despistar mi hambre.

Abuela que sabía el lenguaje de los abanicos: hacia abajo: "no puedo verte"; hacia arriba: "me interesas"; cerrado y reposando en la falda: "no me importas"; abierto y ocultando parte del rostro, los ojos descubiertos: "te quiero"...

Abuela que sabía el lenguaje de las flores: amarillas, desprecio; azules, nunca me olvides; blancas, amor con futuro; rojas, pasión desesperada...

Cómo me gustaba oírte hablar de esas magias cotidianas, Mamá Sara. Y dejarle la cabeza a tus manos que me desenredaban sin apremio, y dejarle mi corazón a tu cuidado, que le enseñaba a creer en la gente, a disculpar los errores, a abrir de par en par mi cariño como una ventana.

Viéndote sonreír, aprendí a sonreír.

Viéndote querer, aprendí a querer.

Viendo cómo te querían, aprendí que es verdad que se recoge lo que se siembra.

Abuela que sabía el lenguaje de los sabores: si no hubieras cocinado para mí, yo nunca hubiera podido sentir esa cosa que se siente cuando uno come algo que hicieron especialmente para quererlo, para hacerle una caricia con forma de buñuelo, para darle calor pisado en el puré...

Todo lo que yo sé lo aprendí de vos.

Heredé de mi madre la poesía, la rueca para hilar las palabras...pero de vos heredé esta mujer que soy ahora.

La parte buena de esta mujer que soy ahora.

Mujer, y me parece raro decir mujer cuando hablo de mí, porque me veo siempre con tus ojos...esos ojos, Mamá Sara, que me veían "poldita", sucia de barro las rodillas, escapándome por entre los dibujos del portón de hierro con las iniciales del abuelo que no conocí pero te dejó la costumbre del té a las five o'clock,[2] el chicken pie[3] y los scones.[4]

Cuando cruzo la calle, tu voz me cuida: "Mirá para los dos lados". Cuando salgo: "Ponete perfume. Andá a pasarte el peine. Quedaban más lindas las chicas con bucles que con ese pelo así, llovido".

---

2. chicken pie: pastel relleno de pollo

3. scones: bollos, pastelitos

4. té a las five o'clock: té que se toma a las cinco de la tarde, costumbre inglesa

---

Visualizo a la abuela como una persona muy hábil y buena cocinera. Las flores del jardín, el costurero, y los scones me hacen pensar en mi propia abuela. [Visualiza]

¿Es que la abuela se ocupaba y cuidaba muy bien a la niña? [Pregúntate]

Se ve que la niña aprende de su abuela y que es una persona muy importante en su vida. [Visualiza]

Aquí se nota el agradecimiento que siente la niña hacia la abuela. [Responde]

"La casa donde me decían Poldita" es la casa de la abuela. Ahora puedo entender mejor el título. [Evalúate]

Oigo la voz de mi abuela y de mi mamá que me decían esas cosas cuando yo era chiquita. Es importante recordar la importancia de nuestros parientes y cómo influyen en nosotros. [Continúa]

Esto se aplica a mi vida porque he aprendido muchas cosas similares de mi abuela. No creo que sean solamente cosas de antes. [Evalúate]

Tu amor hizo sagradas las fiestas religiosas: Navidad, Año Nuevo, Reyes...son como un homenaje a tu recuerdo...

A lo mejor yo no te dije nunca estas cosas, pero vos las debés haber adivinado: mirándote hacerlo aprendí a coser botones, a hacer dobladillos, a zurcir, a freir huevos, a cocinar una salsa, a doblar las servilletas, a armar un ramo, a hacer un moño, a saludar, a sentir que la familia debe ser un nudo apretado.

¿Te dije alguna vez cuánto te quería?

¿Te dije alguna vez cuánto te necesitaba?

Y ahora también, Mamá, que me dan ganas de correr a comprarte una tetera de regalo, un jabot de regalo, una canasta de flores de regalo para tu compleaños, porque cuando se llega el 25 de octubre la primavera no es más primavera, todo es tu cumpleaños, y vos seguís siendo la reina de la casa donde me decían poldita, la casa que es mentira que tiraron abajo y no tiene rosales, es mentira, Mamá, porque la tengo toda construida dentro de mi corazón. Toda guardada intacta para vos, para las dos, para transitar otra vez por sus cuartos y su jardín cuando volvamos a encontrarnos.

Al terminar esta lectura me siento muy conmovida por el amor de las dos mujeres. La autora me hace pensar que la abuela era una señora muy cariñosa y amorosa. Creo que escribió esta descripción para recordar algo importante y especial que pasó durante su vida.
[Responde]

Palabras básicas

dobladillos: pliegues cosidos que se hacen en la orilla de una tela para evitar que se deshilache, ruedos

vos seguís: sigues; forma familiar de seguir, usado en Argentina

Responde

- ¿De qué se trata este cuento?
- ¿Ha habido alguien en tu vida que te haya influenciado profundamente?

Poldy Bird escribe en tono personal y cariñoso recordando a su abuela y la influencia que tuvo en su niñez, cuyo recuerdo continúa ejerciendo influencia en su vida de adulta.

Analiza la lectura

Recuerda

1. ¿Quién es el personaje principal de *La casa donde me decían Poldita*?
2. ¿En dónde se desarrolla el relato?

Interpreta

3. ¿Cuál es el origen cultural de la abuela?
4. ¿En qué forma sobrevive el recuerdo de la abuela después de su muerte?
5. ¿Qué detalles usa la voz narrativa en *La casa donde me decían Poldita* para dar vida a la escena que describe?

Avanza más

6. ¿Por qué la narradora escribe ese relato?
7. ¿Te recordó alguna experiencia vivida por ti o por alguien que conoces?

Para leer mejor

Cómo identificar lenguaje evocativo

En *La casa donde me decían Poldita*, la narradora utiliza imágenes que describen los actos del personaje principal y la influencia de éstos en su vida. El lenguaje de este cuento evoca recuerdos. Piensa en lo que has leído y hazte las preguntas siguientes:

- ¿Por qué la narradora le dedica el cuento a la abuela?
- ¿Qué le dice a la abuela que indica que se lo está dedicando?
- ¿Qué significado tiene el personaje principal para la narradora?

Ideas para escribir

Cuento Escribe un cuento desde el punto de vista de Poldita o de la abuela. En el mismo, describe un suceso ocurrido en el cual ambas participan, pero que ocurre cuando Poldita es ya mayor y la abuela aún está viva.

Personaje Imagínate que escribes un cuento en el cual Poldita, de adulta, es el personaje principal. Describe, detalladamente, su personalidad, su apariencia física y las actividades que prefiere.

Ideas para proyectos

Jardín florido Imagínate que eres un(a) diseñador(a) de jardines y que tienes que escoger las plantas y los árboles que irán a formar parte de un jardín. Utiliza recortes de periódicos, de revistas y hasta dibujos propios para ilustrar tu diseño.

Representación teatral Con un grupo de compañeros de clase, prepara una dramatización sobre jardinería. En la misma, un(a) jardinero(a) se dirigirá al grupo acerca del cultivo de las flores del jardín de Abuela.

¿Estoy progresando?

En tu diario, responde a las siguientes preguntas:

¿Qué aprendí acerca de las relaciones entre las generaciones al leer La casa donde me decían Poldita?

¿Cómo lo aprendido me puede servir en la práctica?

Yo y mi mundo

Untitled Alexandra Maldonado/SIS New York, New York

¡Entérate!

Mira la imagen del mundo lleno de gente, y piensa lo que significa "formar parte de este mundo". ¿Sientes que perteneces al mundo que te rodea? La gente y los acontecimientos del pasado han contribuido a tu formación. ¿Qué puedes aportar al mundo? Reflexiona sobre las siguientes preguntas mientras vas leyendo los textos de este capítulo: ¿Cómo puedo expresar mis pensamientos? ¿Cómo son mis relaciones con la gente que me rodea? ¿Qué puedo aportar al mundo?

Actividades

En grupo Habla con varios amigos sobre cómo el mundo que les rodea ha determinado sus vidas hasta ahora, y cómo podría influir en su futuro. Identifiquen dos acontecimientos mundiales que han influido en sus vidas, y cómo han afectado sus perspectivas acerca de las cosas. Discutan dos tendencias y cómo podrían afectar a su generación. Hagan un cartel que ilustre las distintas posibilidades que han identificado.

Actividades

Por tu cuenta Autoevaluación: Divide un papel en dos columnas. Escribe "Mis contribuciones al mundo" como título de una de ellas. "Mis contribuciones futuras" encabezando la otra. Anota las que ya has hecho bajo el primer encabezamiento y las que te quedan por hacer, bajo el segundo, tomando en cuenta tus intereses personales y tus habilidades.

Menú de proyectos . . . .

Piensa en los siguientes proyectos y escoge uno que te interese. Hay más detalles en la página 34.

- **Autorretrato**
- **Festival de cuentos**
- **Escuela del futuro**

Actividades

Presentación

Voz de Gabriel Olvera
Esta mañana había un arco iris en la regadera de Lorna Dee Cervantes
Mi primer poema de Pablo Neruda

¿Alguna vez te ha causado un lugar alegría o tristeza?

Aplica lo que sabes

¿Has notado que en las películas, el tiempo juega un papel importante para determinar la emoción de una escena? Por ejemplo, las escenas felices ocurren en días soleados, mientras que los momentos misteriosos y peligrosos ocurren en tormentas o de noche. También en la literatura, los autores usan efectos ambientales para causar ciertas reacciones y emociones en el lector.

- Con un compañero, haz una lista de los lugares y las imágenes que asocias con alguna emoción o estado de ánimo.
- Charadas: representen por turno una emoción para el resto de la clase.

Lee activamente

Identifica la voz narrativa del poema

Los pensamientos y las emociones expresados en un poema nos llegan a través de la **voz narrativa**. Al igual que el narrador de una novela o de un cuento, la **voz narrativa** del poema es el personaje que cuenta lo que va ocurriendo, y de esta manera nos ayuda a entender mejor el sentido del mismo. Es importante identificar la voz narrativa y considerar su perspectiva para entender bien un poema.

Mientras vas leyendo los siguientes poemas, piensa en la voz narrativa de ellos. ¿Cómo son los pensamientos, los estados de ánimo y las actitudes de cada voz narrativa? Completa el siguiente diagrama:

Título de la selección	Pensamientos	Estados de ánimo y Actitudes
Voz		
Esta mañana había un arcos iris		
Mi primer poema		

VOZ

Gabriel Olvera

traducido por Marina Harss

En la escuela mi voz es una llanura
la tierra del suelo norteño
un gran campo de días monótonos
una planicie de octubre a mayo.

5 En mi casa es una hilera de colinas
una sierra sureña recobrando su color
o una cordillera mexicana cada verano
mi voz de junio a septiembre.

Palabras básicas

llanura: **superficie de terreno plana, sin montañas**
monótonos: **sin variaciones**
planicie: **sinónimo de llanura**
hilera: **fila**
cordillera: **fila de montañas**

Responde

¿Qué imágenes verbales utilizarías para comparar tu comportamiento en casa con tu comportamiento en la escuela?

Gabriel Olvera se crió en el centro de Los Ángeles, pero hizo sus estudios en las afueras de San Francisco. Las imágenes de su poema *Voz* podrían estar inspiradas en las vidas de los alumnos del sexto grado a quienes da clases en el valle de San Fernando del sur de California.

Esta mañana había un arco iris en la regadera

LORNA DEE CERVANTES

traducido por Marina Harss

Esta mañana
había un arco iris en la regadera.
Mis tacos huecos sonaban al gastar el empedrado
Toc, toc, toc.
5   Canté una canción gastada
al ritmo fijo de mis tacos
gastando la canción
además de mis tacos
además del empedrado.
10   Estaba contenta
porque se me había ido el sueño
pero bostecé
más por costumbre
que por ganas de dormir.
15   Hoy es la primavera
y los restos de abril se aplastan contra mi piel
en el viento.
Es agradable.
El cielo está claro
20   y puedo ver la cuarta luna de anoche
como grabada en el cielo con polvo de nube.
Mido mi canción para que termine
justo cuando alcance mi destino.
Es como si estuviera en una película
25   una comedia musical
con otra persona que también camina cantando por la calle.
Espero a ver cómo termina
porque es mi historia
y yo escojo a los actores
30   y yo estoy dirigiendo.

Palabras básicas

empedrado: **pavimento hecho con piedras**

Responde

¿Qué sientes cuando ves un arco iris?

P: ¿Qué le gustaba hacer a **Lorna Dee Cervantes** cuando era niña?
R: Cuando tenía doce años, leía en voz alta a poetas románticos ingleses, como Byron, Keats y Shelley, para acostumbrarse así al ritmo del idioma inglés.
P: ¿Cuándo empezó a escribir poesía?
R: Escribió su primer poema a los ocho años, y completó su primera colección de poemas a los quince. Publicó algunos de estos poemas en el periódico de su escuela secundaria.

mi primer poema

Pablo Neruda
de Confieso que he vivido

Ahora voy a contarles alguna historia de pájaros. En el lago Budi perseguían a los cisnes con ferocidad. Se acercaban a ellos sigilosamente[1] en los botes y luego rápido, rápido remaban ... Los cisnes, como los albatros[2], emprenden difícilmente el vuelo, deben correr patinando sobre el agua. Levantan con dificultad sus grandes alas. Los alcanzaban y a garrotazos[3] terminaban con ellos.

Me trajeron un cisne medio muerto. Era una de esas maravillosas aves que no he vuelto a ver en el mundo, el cisne cuello negro. Una nave de nieve con el esbelto cuello como metido en una estrecha media de seda negra. El pico anaranjado y los ojos rojos.

Esto fue cerca del mar, en Puerto Saavedra, Imperial del Sur.

Me lo entregaron casi muerto. Bañé sus heridas y le empujé pedacitos de pan y de pescado a la garganta. Todo lo devolvía. Sin embargo, fue reponiéndose de sus lastimaduras, comenzó a comprender que yo era su amigo. Y yo comencé a comprender que la nostalgia lo mataba. Entonces, cargando el pesado pájaro en mis brazos por las calles, lo llevaba al río. Él nadaba un poco, cerca de mí. Yo quería que pescara y le indicaba las piedrecitas del fondo,

---

1. sigilosamente: silenciosamente, secretamente

2. albatros: pájaro marino de plumaje blanco, grande, de alas y cola muy larga

3. garrotazos: golpes dados con un palo grande

Palabras básicas

esbelto: airoso, descollado, bien formado
nostalgia: tristeza asociada con el recuerdo de algún bien perdido

las arenas por donde se deslizaban los plateados peces del sur. Pero él miraba con ojos tristes la distancia.

Así cada día, por más de veinte, lo llevé al río y lo traje a mi casa. El cisne era casi tan grande como yo. Una tarde estuvo más ensimismado[4], nadó cerca de mí, pero no se distrajo con las musarañas[5] con que yo quería enseñarle de nuevo a pescar. Se estuvo muy quieto y lo tomé de nuevo en brazos para llevármelo a casa. Entonces, cuando lo tenía a la altura de mi pecho, sentí que se desenrollaba una cinta, algo como un brazo negro me rozaba la cara. Era su largo y ondulante cuello que caía. Así aprendí que los cisnes no cantan cuando mueren.

El verano es abrasador en Cautín. Quema el cielo y el trigo. La tierra quiere recuperarse de su letargo[6]. Las casas no están preparadas para el verano, como no lo estuvieron para el invierno. Yo me voy por el campo y ando, ando. Me pierdo en el cerro Ñielol. Estoy solo, tengo el bolsillo lleno de escarabajos[7]. En una caja llevo una araña peluda recién cazada. Arriba no se ve el cielo. La selva está siempre húmeda, me resbalo; de repente grita un pájaro, es el grito fantasmal del chucao[8]. Crece desde mis pies una advertencia aterradora. Apenas se distinguen como gotas de sangre los copihues[9]. Soy sólo un ser minúsculo bajo los helechos gigantes. Junto a mi boca vuela una torcaza[10] con un ruido seco de alas. Más arriba otros pájaros se ríen de mí con risa ronca. Encuentro difícilmente el camino. Ya es tarde.

Mi padre no ha llegado. Llegará a las tres o a las cuatro de la mañana. Me voy arriba, a mi pieza. Leo a Salgari. Se descarga la lluvia como una catarata. En un minuto la noche y la lluvia cubren el mundo. Allí estoy solo y en mi cuaderno de aritmética escribo versos. A la

---

4. ensimismado: pensativo, cabizbajo

5. musarañas: animales parecidos a ratones pequeños

6. letargo: estado de sueño profundo y prolongado

7. escarabajos: insectos negros de caparazones duras

8. chucao: pájaro de color pardo, cuyo canto se dice que anuncia la desgracia

9. copihues: flores rojas de una enredadera con frutas parecidas al pimiento verde

10. torcaza: paloma

Palabras básicas

abrasador: que quema
ronca: que hace un sonido grave y áspero

mañana siguiente me levanto muy temprano. Las ciruelas están verdes. Salto los cerros. Llevo un paquetito con sal. Me subo a un árbol, me instalo cómodamente, muerdo con cuidado una ciruela y le saco un pedacito, luego la empapo con la sal. Me la como. Así hasta cien ciruelas. Ya lo sé que es demasiado.

Como se nos ha incendiado la casa, esta nueva es misteriosa. Subo al cerco y miro a los vecinos. No hay nadie. Levanto unos palos. Nada más que unas miserables arañas chicas. En el fondo del sitio está el excusado. Los árboles junto a él tienen orugas[11]. Los almendros muestran su fruta forrada en felpa blanca. Sé cómo cazar los moscardones[12] sin hacerles daño, con un pañuelo. Los mantengo prisioneros un rato y los levanto a mis oídos.¡Qué precioso zumbido!

Qué soledad la de un pequeño niño poeta, vestido de negro, en la frontera espaciosa y terrible. La vida y los libros poco a poco me van dejando entrever misterios abrumadores.

---

11. **orugas:** larvas de insectos
12. **moscardones:** moscas grandes

No puedo olvidarme de lo que leí anoche: la fruta del pan salvó a Sandokan y a sus compañeros en una lejana Malasia.

No me gusta Buffalo Bill porque mata a los indios. Pero ¡qué buen corredor de caballo! ¡Qué hermosas las praderas y las tiendas cónicas de los pieles rojas!

Muchas veces me han preguntado cuándo escribí mi primer poema, cuándo nació en mí la poesía.

Trataré de recordarlo. Muy atrás en mi infancia y habiendo apenas aprendido a escribir, sentí una vez una intensa emoción y tracé unas cuantas palabras semirrimadas, pero extrañas a mí, diferentes del lenguaje diario. Las puse en limpio en un papel, preso de una ansiedad profunda, de un sentimiento hasta entonces desconocido, especie de angustia y de tristeza. Era un poema dedicado a mi madre, es decir, a la que conocí por tal, a la angelical madrastra cuya suave sombra protegió toda mi infancia. Completamente incapaz de juzgar mi primera producción, se la llevé a mis padres. Ellos

Palabras básicas

cónicas: que tienen forma de cono

estaban en el comedor, sumergidos en una de esas conversaciones en voz baja que dividen más que un río el mundo de los niños y el de los adultos. Les alargué el papel con las líneas, tembloroso aún con la primera visita de la inspiración. Mi padre, distraídamente, lo tomó en sus manos, distraídamente lo leyó, distraídamente me lo devolvió, diciéndome:

—De dónde lo copiaste?

Y siguió conversando en voz baja con mi madre de sus importantes y remotos asuntos.

Me parece recordar que así nació mi primer poema y que así recibí la primera muestra distraída de la crítica literaria.

Mientras tanto avanzaba en el mundo del conocimiento, en el desordenado río de los libros como un navegante solitario. Mi avidez de lectura no descansaba de día ni de noche. En la costa, en el pequeño Puerto Saavedra, encontré una biblioteca municipal y un viejo poeta, don Augusto Winter, que se admiraba de mi voracidad literaria. "Ya los leyó?", me decía, pasándome un nuevo Vargas Vila, un Ibsen, un Rocambole. Como un avestruz, yo tragaba sin discriminar.

Por ese tiempo llegó a Temuco una señora alta, con vestidos muy largos y zapatos de taco bajo. Era la nueva directora del liceo de niñas. Venía de nuestra ciudad austral, de las nieves de Magallanes. Se llamaba Gabriela Mistral.

Yo la miraba pasar por las calles de mi pueblo con sus ropones talares, y le tenía miedo. Pero, cuando me llevaron a visitarla, la encontré buenamoza. En su rostro tostado en que la sangre india predominaba como en un bello cántaro araucano, sus dientes blanquísimos se mostraban en una sonrisa plena y generosa que iluminaba la habitación.

Yo era demasiado joven para ser su amigo, y demasiado tímido y ensimismado. La vi muy pocas veces. Lo bastante para que cada vez saliera con algunos libros que me regalaba. Eran siempre novelas rusas que ella consideraba como lo más extraordinario de la literatura mundial. Puedo decir que Gabriela me embarcó en esa seria y terrible visión de los novelistas rusos y que Tolstoi, Dostoievski, Chejov, entraron en mi más profunda predilección. Siguen acompañándome.

Palabras básicas

distraídamente: sin poner atención

Pablo Neruda nació en Santiago de Chile. Su verdadero nombre era Neftalí Ricardo Reyes Basoalto; pero como admiraba mucho al escritor checo Jan Neruda, adoptó su seudónimo. Además de escritor, Neruda fue diplomático y político. El texto que acabas de leer es del libro *Confieso que he vivido*, publicado después de su muerte.

Responde

¿Cuáles de las imágenes que aparecen en este ensayo te gustan más? ¿Por qué?

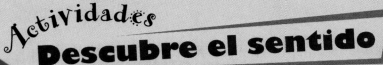

Analiza la lectura

Recuerda

1. En *Voz*, el narrador compara su voz con dos paisajes distintos. ¿Cómo es su voz en la escuela? ¿Y en su casa?
2. En *Esta mañana*, ¿dónde se encuentra la voz narrativa, y qué hora del día es? ¿Qué época del año es?
3. ¿Cómo reacciona el padre del joven Neruda cuando le muestra su primer poema?

Interpreta

4. ¿Cómo describirías la actitud expresada en *Voz*? Menciona otros tipos de actitudes.
5. ¿Qué quiere decir la voz narrativa en *Esta mañana* cuando dice que se siente como si estuviera en una película?
6. ¿Cuál es la relación entre la historia del cisne y la del primer poema de Neruda en *Mi primer poema*?

Avanza más

7. ¿Qué lugares que conoces podrías comparar con una llanura o con una cordillera? ¿Qué lugares te hacen sentir como si estuvieras en una película?
8. ¿Cuál sería tu reacción si alguien leyera tu primer poema de una manera distraída y desinteresada?

Para leer mejor

¿Qué es la voz narrativa en la poesía?

Cada poema tiene una **voz narrativa** diferente, que expresa los pensamientos y los sentimientos del mismo. Dos poemas que tratan el mismo tema pueden tener voces muy diferentes. Al leer *Voz* y *Esta mañana...* encuentras dos voces muy distintas. ¿Qué idea te formaste de la edad, la personalidad y el estado de ánimo de las **voces narrativas** de los textos que leíste? Haz un esquema como el siguiente para identificar las características de las diferentes voces narrativas.

	Voz	Esta mañana...	Mi primer poema
lugar			
personalidad			
gustos			
aversiones			
estado(s) de ánimo			

1. Utiliza los detalles de tu esquema para formarte una imagen de cada voz narrativa. Escribe un resumen describiendo cada una de ellas.
2. Si identificas la voz narrativa, ¿entenderías mejor el poema?

Ideas para escribir

Los autores de los textos utilizan imágenes específicas para expresar sus ideas y sus sentimientos.

Comparación Usa tus apuntes para escribir un par de párrafos comparando las diferentes voces narrativas. Por ejemplo, son similares porque cada una responde al estado de ánimo creado por un lugar específico. Discute las actitudes distintas de las tres voces de los textos que has leído.

Poema personal Escribe un poema que exprese con imágenes claras las características de tu propia voz narrativa. Describe tu voz con detalles descritos en el poema.

Ideas para proyectos

Collage o montaje Busca fotos y dibujos en donde aparezcas tú en diferentes estados de ánimo, y crea con ellos un collage. Escribe notas debajo de las imágenes describiendo las facetas de tu personalidad que éstas ilustran.

Grabación de audio o video Escribe y después graba un monólogo que describa un estado de ánimo. Pon la grabación en clase para tus compañeros y pídeles que discutan sus reacciones.

¿Estoy progresando? Responde a estas preguntas en tu diario:

¿Cómo se reconoce la voz narrativa de un poema?

¿De qué manera puedo expresar mi "voz"?

Viejo de Ricardo Sánchez
Buenos hot dogs de Sandra Cisneros

¿Qué sentimientos nos inspiran los recuerdos?

Aplica lo que sabes

Los recuerdos sentimentales muchas veces están asociados con actividades especiales y personas queridas. Por ejemplo, a lo mejor hay cuentos que te gustaba contar o canciones que te gustaba cantar o ciertos juegos que compartías con un amigo o pariente.

- En un grupo pequeño, describan canciones o juegos que recuerden haber compartido con alguien durante la infancia. ¿Por qué son tan memorables?
- Habla espontáneamente sobre algo que recuerdes de un pariente mayor, y las historias que te contaba.

Lee activamente

Identifica los recuerdos

Frecuentemente, el tema de una canción o de un poema se convierte en un **recuerdo**. Los poemas *Viejo* y *Buenos hot dogs* describen recuerdos de una relación muy especial entre dos personas. En un esquema como el siguiente, anota los recuerdos de cada narrador:

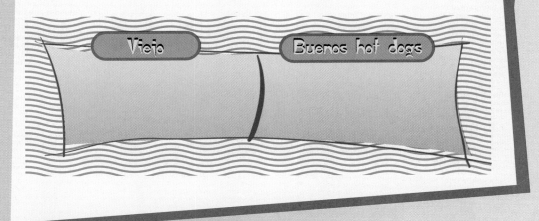

Viejo   Buenos hot dogs

Viejo

Ricardo Sánchez
traducido por Marina Harss
recuerdo (sonríe/lastima dulcemente)
8 de octubre, 1972

viejo
de piel morena
que habla del pasado
      cuando ser pastor
5   en utah, nevada, colorado y nuevo méxico
era una vida vivida libremente;

viejo,
    abuelo,
sabio como el tiempo
10 que corre en arroyos por la cara,
surcos profundos, ricos,
    cada uno una herencia,
recuerdos profundos, ricos
de la vida...
15   "eres indio,
        entre otras cosas",
me decía
      en noches pasadas
hace tiempo,
20   reuniones familiares
    en albuquerque...

Responde

Di cómo los recuerdos de un familiar anciano te pueden ayudar a entender tu propia historia.

Palabras básicas

pastor: persona que cuida el ganado
surcos: cortes que hace el arado en la tierra, arrugas en la cara

viejo, amado y respetado,
hablaba a veces
de pueblos,
25   san juan, santa clara
       y hasta santo domingo,
y su familia, decía él,
venía de ahí:
       una parte de nuestra sangre ya estaba aquí,
30   decía,
       antes de la llegada del coronado[1],
la otra parte de nuestra sangre
       vino con los españoles,
y la mezcla
35 es rica
       aunque a menudo dolorosa...
viejo,
que conocía la tierra
       por sus aromas estremecedores[2]
40 y que sentía
el dulce acalorado
       del chile verde
por su contacto elástico,
tu cuerpo vuelto polvo
45   con su mirada estoica y su firmeza,
pero tu realidad, viejo, sobrevive
en una menteyalma[3] tocada por ti...

Viejo...

Ricardo Sánchez escribe poesía sobre los recuerdos de su infancia y sobre la gente que ha sido importante en su vida. Escribe en inglés, pero como sus raíces son indígenas e hispanoamericanas, sus trabajos evocan memorias de ambas culturas. Su poema *Viejo* es un homenaje a su abuelo.

---

1. coronado: término figurativo para nombrar a los conquistadores españoles

2. estremecedores: conmovedores

3. menteyalma: palabra inventada que combina las palabras "mente" y "alma"

Buenos HOT DOGS

Sandra Cisneros
para Kiki

Cincuenta centavos cada uno
Para comer nuestro lonche[1]
Corríamos
Derecho desde la escuela
5   En vez de a casa
Dos cuadras
Después la tienda
Que olía a vapor
Tú pedías
10 Porque tenías el dinero
Dos hot dogs y dos refrescos para comer aquí
Los hot dogs con todo
Menos pepinos
Echa esos hot dogs
15 En sus panes y salpícalos
Con todas esas cosas buenas
Mostaza amarilla y cebollas
Y papas fritas amontonadas encima
Envueltos en papel de cera
20 Para llevarlos calientitos[2]
En las manos
Monedas encima del mostrador
Siéntate
Buenos hot dogs
25 Comíamos
Rápido hasta que no quedaba nada
Menos sal y semillas de amapola hasta
Las puntitas quemadas
De las papas fritas
30 Comíamos
Tú canturreando
Y yo columpiando[3] mis piernas

---

1. lonche: tomado de la palabra "lunch"
del inglés, almuerzo

2. calientitos: "calentitos"

3. columpiando: hamacando

Sandra Cisneros dice en una entrevista: "La poesía es el arte de decir la verdad. Lo que más me espanta es escribir poesía, porque te miras desnuda. Siempre miras algo de ti que nunca enseñas a nadie. Y el centro, aquel centro espantoso, es un poema…"

Palabras básicas

canturreando: cantando a media voz

Responde

La narradora describe el comer "hot dogs" como uno de los grandes placeres de su niñez. Di qué actividades especiales compartes o has compartido con tus amigos.

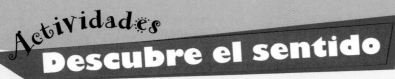

Analiza la lectura

Recuerda

1. En el poema *Viejo*, ¿de dónde era el abuelo y cuál era su trabajo?

2. En el poema *Buenos hot dogs*, ¿quiénes son los personajes que siempre piden "hot dogs"? ¿Por qué?

3. ¿Cuál es el origen cultural del abuelo y del joven narrador, en *Viejo*?

4. ¿En qué forma sobrevive el recuerdo del abuelo después de su muerte?

Interpreta

5. Di por qué la narradora, en *Buenos hot dogs,* describe tan detalladamente cómo compraba y se comía los "hot dogs".

6. ¿Quién es el "tú" en *Buenos hot dogs*?

Avanza más

7. ¿Crees que los recuerdos de la niñez son todavía más agradables que los hechos originales?

Para leer mejor

¿Qué es la poesía lírica?

Los **poemas líricos** expresan el punto de vista y los sentimientos del narrador. Se los llama "líricos" porque en el pasado los poemas se cantaban acompañándose con una lira.

Imagina que los **poemas líricos** *Viejo* y *Buenos hot dogs* son canciones que cantan los poetas para expresar sus sentimientos con respecto a la gente y las experiencias de sus vidas. Usa tus notas para contestar las siguientes preguntas:

1. ¿Qué revelan estos recuerdos sobre las relaciones entre la gente?

2. ¿En qué se parecen y en qué difieren estas dos relaciones?

3. ¿Cómo sabes que los poemas que has leído son poemas líricos?

Ideas para escribir

Hay muchas maneras de rendir homenaje y de recordar a nuestros seres queridos.

Descripción del carácter de una persona Usando el poema *Viejo* como modelo, escribe una descripción del carácter de una persona mayor que conozcas bien. Incluye su edad y sus orígenes, además de algunos episodios de su vida que te demuestren su carácter. Explica por qué esta persona es importante para ti y para tu mundo.

Homenaje poético Escribe un poema en forma de homenaje a una persona importante en tu niñez: un hermano, una hermana u otro pariente, un amigo o un maestro. Enfoca tu poema sobre un recuerdo compartido, como en el poema *Viejo*, o en una actividad memorable compartida, como en el poema *Buenos hot dogs*.

Ideas para proyectos

Collage Crea un collage grande con fotos o dibujos y artículos periodísticos sobre personas (tus padres, amigos, vecinos, gente famosa) que te hayan inspirado o influenciado de alguna manera. Usa el collage como punto de partida para compartir con la clase anécdotas sobre esa persona.

Libro de recetas Crea un libro de recetas con las comidas que más te gustaban en tu infancia. Escribe sobre las ocasiones en que las comías y, si puedes, describe cómo se preparaban. Juntando las recetas de la clase haz un libro que puedan compartir todos.

¿Estoy progresando?

Contesta las siguientes preguntas en tu diario:

¿Qué aspecto de la poesía lírica me interesa más?

¿Cuál es el género literario que me sirve para expresar mejor los sentimientos evocados por los recuerdos?

Actividades

Presentación

Nos va a salir la cosa
de Esmeralda Santiago

¿Qué hace la gente para lograr el éxito?

Aplica lo que sabes

Si has participado en una prueba para una obra teatral o te entrevistaste para ingresar en un programa especial, ya sabes entonces cómo es esta experiencia y cómo te sentiste antes de llevarla a cabo. Si nunca has pasado por una prueba o entrevista ¿cómo te sentirías al hacerlo?

- Con un grupo pequeño, discute la forma correcta de comportarse y hablar en una entrevista para ingresar a una escuela u obtener un trabajo.
- Con un compañero, dramatiza una entrevista, turnándose en los papeles de entrevistador y entrevistado.

Lee activamente

Analiza la perspectiva del narrador

Nos va a salir la cosa es un cuento sobre una muchacha que se presenta a una audición para una escuela especial: Performing Arts High School en Nueva York. Este cuento está escrito en primera persona, lo cual significa que la narradora está contando un episodio de su propia vida. Cuando lees una historia escrita en primera persona, compartes **la perspectiva del narrador** en las situaciones que describe.

Mientras vas leyendo, identifica **la perspectiva de la narradora** y anota las cosas que le preocupan y que ella anticipa. Completa el siguiente esquema:

Situación o acontecimiento	Lo que dice la narradora	Lo que yo veo

Nos va a salir la cosa

Esmeralda Santiago

ientras Francisco aún vivía, nos habíamos mudado a la Ellery Street. Eso quiso decir que yo tuve que cambiar de escuelas, así que Mami me llevó a la P.S. 33, donde haría mi noveno grado. Durante la primera semana en la nueva escuela me dieron una serie de exámenes, los cuales indicaron que, aunque no podía hablar el inglés muy bien, lo podía escribir y leer al nivel del décimo grado. Me pusieron en el 9-3, con los estudiantes inteligentes.

Un día, Mister Barone, el consejero vocacional de la escuela, me llamó a su oficina. Era un hombre bajito, cabezudo, con ojos grandes color castaño, bajo cejas bien formadas. Su nariz era larga y redonda en la punta. Siempre vestía en colores otoñales, y frecuentemente ponía sus lentes en su frente, como si tuviera un par de ojos allá arriba.

—Bueno —empujando lentes a su frente, hablándome despacio para que yo entendiera—, ¿qué quieres ser cuando seas grande?

—Yo no sé.

Rebuscó entre sus papeles.

—Vamos a ver …tienes catorce años, ¿verdad?

—Sí, señor.

—¿Y no has pensado en lo que vas a ser cuando seas grande?

Cuando yo era nena, quería ser una jíbara[1]. Cuando me hice mayor, quería ser cartógrafa, después topógrafa. Pero desde que llegamos a Brooklyn, no había pensado mucho en el futuro. —No, señor.

Bajó los lentes a sus ojos y rebuscó entre los papeles otra vez.

—¿Tienes jobis[2]? —no entendí lo que me decía—. Jobis. Jobis —meneaba las manos como si estuviera pesando algo—, cosas que te gustan hacer en tu tiempo libre.

—¡Ah, sí! —traté de imaginar qué yo hacía en casa que pudiera calificar como un jóbi.

—Me gusta leer.

Parece que lo decepcioné.

—Sí, eso ya lo sabemos —sacó un papel de su escritorio y lo estudió—. Uno de los exámenes que tomaste era para descubrir aptitud. Nos dice qué clase de trabajo te gustaría. En tu caso resulta que a ti quizás te guste ayudar a las personas. Dime, ¿te gusta ayudar a las personas?

Tenía miedo de contradecir los exámenes.

—Sí, señor.

—Podemos ponerte en una escuela donde aprenderás biología y química, lo cual te preparará para una carrera como enfermera.

Hice una mueca. Consultó sus papeles otra vez.

—También puede ser que te guste la comunicación. Como maestra, por ejemplo.

Recordé a Miss Brown parada al frente de un salón lleno de tineyers[3] desordenados, algunos más grandes y gordos que ella.

—No creo que me gustaría.

Mister Barone subió sus lentes a su frente otra vez y se inclinó hacia mí sobre los papeles en su escritorio.

—¿Por qué no lo piensas, y hablamos otro día? —me dijo, cerrando la carpeta con mi nombre en la orilla. La cubrió con sus manos peludas, como si estuviera exprimiéndole algo—. Eres una chica inteligente, Esmeralda. Vamos a ver si te ponemos en una escuela académica para que

---

1. **jíbara:** campesina
2: **jobis:** palabra tomada del ingles "hobbies", pasatiempos
3. **tineyers:** palabra tomada del inglés "teenagers", adolescentes

Palabras básicas

cartógrafa: persona que hace mapas
topógrafa: persona que mide los terrenos para trazar mapas

puedas estudiar en colegio.

Camino a casa, me acompañaba otra niña del noveno grado, Yolanda. Llevaba tres años en Nueva York, pero hablaba tan poco inglés como yo. Hablábamos en espanglés, una combinación de inglés y español en la cual saltábamos de un idioma al otro.

—¿Te preguntó el Mister Barone, llu no, lo que querías hacer juén llu gro op?

—Sí, pero, ay dint no. ¿Y tú?

—Yo tampoco sé. Ji sed que ay laik tu jelp pipel. Pero, llu no, a mí no me gusta mucho la gente.

Cuando me oyó decir eso, Yolanda me miró de reojo, esperando ser la excepción. Pero cuando me vine a dar cuenta, había subido las escaleras de su edificio. No se despidió al entrar, y al otro día me despreció. Me pasé el resto del día en aislamiento vergonzoso, sabiendo que había revelado algo negativo acerca de mí a la única persona que me había ofrecido su amistad en la Junior High School 33. Tenía que disculparme o vivir con las consecuencias de lo que se estaba convirtiendo en la verdad. Nunca le había dicho algo así a nadie, ni a mí misma. Era un peso más sobre mis hombros, pero no lo iba a cambiar por compañerismo.

Unos días más tarde, el Mister Barone me llamó a su oficina.

—¿Y? —manchitas verdes bailaban alrededor de las pupilas negras de sus ojos castaños.

La noche anterior, Mami nos había llamado a la sala. En el televisor, "cincuenta de las jóvenes más bellas de los Estados Unidos" desfilaban en vestidos de tul y volantes en frente de una cascada de plata.

—¡Qué lindas! —murmuró Mami mientras las muchachas, acompañadas por muchachos uniformados, flotaban enfrente de la cámara, daban una vuelta y se desaparecían detrás de una cortina, mientras la orquesta tocaba un vals y un locutor anunciaba sus nombres, edades y los estados que representaban. Mami miró todo el espectáculo como hipnotizada.

—Quisiera ser una modelo —le dije al Mister Barone.

Se me quedó mirando, bajó los lentes de su frente, miró los papeles en la carpeta con mi nombre en la orilla y me volvió a mirar, echando fuego por los ojos.

—¿Una modelo? —su voz era áspera, como si le fuera más cómodo gritarle a las personas que hablarle.

—Yo quiero aparecer en la televisión.

—Ah, pues entonces quieres ser actriz —como si fuera un poco mejor que la primera carrera que seleccioné. Nos miramos por unos segundos. Empujó sus lentes a su frente de nuevo, y sacó un libro de la tablilla detrás de su escritorio—. Yo sólo sé de una escuela que entrena actores, pero nunca le hemos mandado un estudiante de aquí.

Performing Arts, decía el libro, era una escuela pública académica, no vocacional, que entrenaba a estudiantes que deseaban una carrera en el teatro, la música o el baile.

—Dice aquí que tienes que ir a una prueba —se paró y acercó el libro a la luz pálida que entraba por las ventanas angostas sobre su cabeza—. ¿Has desempeñado alguna vez un papel dramático en frente del público?

—Un año fui la maestra de ceremonias en el programa musical de mi escuela. En Puerto Rico. Y también he recitado poemas... allá, no aquí.

Cerró el libro y lo apretó contra su pecho. Su dedo índice tocó un compás contra su labio. Se volvió hacia mí.

—Déjame llamarles y averiguar lo que necesitas hacer. Ya más tarde hablamos.

Salí de su oficina feliz, confiando en que algo bueno había pasado, pero no sabiendo lo que era.

"No tengo miedo... No tengo miedo... No tengo miedo..." Todos los días andaba de la escuela a casa repitiéndome esas palabras. Las calles anchas y las aceras que tanto me impresionaron los primeros días después de llegar ahora eran tan familiares como el

Palabras básicas

miró de reojo: miró con disimulo, por encima del hombro

camino de Macún a la carretera. Sólo que mi curiosidad acerca de la gente que vivía detrás de estas paredes concluía donde los frentes de los edificios daban a corredores oscuros o puertas cerradas. Nada bueno, me imaginaba, podía haber dentro, si tantas puertas y cerrojos se tenían que abrir antes de entrar o salir a la luz del día.

Fue en estas caminatas angustiadas que decidí que me tenía que salir de Brooklyn. Mami había seleccionado este sitio como nuestro hogar, y, como las otras veces que nos mudamos, yo había aceptado lo que me ocurría, porque yo era una niña sin opciones. Pero en ésta, yo no iba a aceptar la decisión de Mami.

—¿Cómo puede vivir la gente así? —le grité una vez, desesperada por correr por un pastizal, de sentir hojas debajo de mis pies en vez de concreto.

—¿Vivir cómo qué? —preguntó Mami, mirando a su alrededor, a la cocina y la sala cruzadas con sogas llenas de pañales y sábanas tendidas.

—Unos encima de los otros. Sin espacio para hacer nada. Sin aire.

—¿Qué tú quieres? ¿Volver a Macún, a vivir como salvajes sin luz, ni agua? ¿Haciendo lo que tenemos que hacer en letrinas apestosas?

—¡Por lo menos se podía salir afuera to' los días sin que los vecinos te dispararan!

—¡Ay, Negi, déjate de estar exagerando las cosas!

—¡Odio esta vida!

—¡Pues haz algo pa' cambiarla!

Cuando el Mister Barone me habló de Performing Arts High School, supe lo que tenía que hacer.

—¡Las pruebas son en menos de un mes! Tienes que aprender una escena dramática, y la vas a realizar en frente de un jurado. Si lo haces bien, y tus notas aquí son altas, puede ser que te admitan a la escuela.

El Mister Barone se encargó de prepararme para la prueba. Seleccionó un soliloquio de una obra de Sidney Howard titulada *The Silver Cord*, montada por primera

Palabras básicas

opciones: alternativas, posibilidades
soliloquio: conversación con uno mismo, monólogo

vez en 1926, pero la acción de la cual acontecía en una sala de estar[4] en Nueva York alrededor del año 1905.

—Mister Gatti, el maestro de gramática, te dirigirá ... Y Missis Johnson te hablará acerca de lo que te debes de poner y esas cosas.

Mi parte era la de Cristina, una joven casada confrontando a su suegra. Aprendí el soliloquio fonéticamente, bajo la dirección de Mister Gatti. Mis primeras palabras eran: *"You belong to a type that's very common in this country, Mrs. Phelps, a type of self-centered, self-pitying, son-devouring tigress, with unmentionable proclivities suppressed on the side."*

—No tenemos tiempo de aprender lo que quiere decir cada palabra —dijo Mister Gatti—. Sólo asegúrate de que las pronuncies todas.

Missis Johnson, quien era la maestra de artes domésticas, me llamó a su oficina.

—¿Así es que entras a un sitio? —me preguntó en cuanto pisé su alfombra—. Trátalo otra vez, y esta vez, no te lances adentro. Entra despacio, frente alta, espalda derecha, con una sonrisa en tu cara. Así mismo —respiré y esperé sus intrucciones—. Ahora, siéntate. ¡No, así no! ¡No te tires en la silla! Tienes que flotar hacia el asiento con las rodillas juntas —lo demostró, y yo la copié—. ¡Mucho mejor! ¿Y qué vas a hacer con las manos? No, no te aguantes la barbilla, eso no es para damas. Pon tus manos en tu falda, y déjalas ahí. No las uses tanto cuando hablas.

Me senté tiesa mientras Missis Johnson y Mister Barone me hacían preguntas que se imaginaban el jurado en Performing Arts me iba a preguntar.

—¿De dónde eres?

—De Puerto Rico.

—¡No! —dijo Missis Johnson—, Porto Rico. Pronuncia la *r* suave. Otra vez.

—¿Tienes algún *jóbi?* —me preguntó Mister Barone, y esta vez supe cómo contestar.

---

4. sala de estar: sala donde se recibe a las visitas

—Me gusta bailar, y me gusta el cine.

—¿Por qué quieres estudiar en esta escuela?

Missis Johnson y Mister Barone me habían hecho memorizar lo que debía decir si me preguntaban eso.

—Quiero estudiar en la Performing Arts High School por su reputación académica y para recibir entrenamiento en las artes dramáticas.

—¡Muy bien! ¡Muy bien! —Mister Barone se frotó las manos y le guiñó a Missis Johnson—. Creo que nos va a salir la cosa.

—Recuerda —dijo Missis Johnson—, cuando compres tu vestido, busca algo bien simple, en colores oscuros.

Mami me compró un traje de cuadros rojos con camisa blanca, mi primer par de medias de nilón y zapatos de cuero con un bolsillito donde se le ponía una moneda de diez centavos. La noche antes de la prueba, me puse el pelo en rolos rosados que me pinchaban el cuero cabelludo y me hicieron desvelar. Para la prueba, me permitió que me pintara los ojos y los labios.

—¡Qué grande te ves! —exclamó Mami, su voz triste pero contenta, al verme dar vueltas enfrente de ella y de Tata.

—¡Toda una señorita! —añadió Tata, sus ojos lagrimosos.

Salimos hacia Manhattan un día en enero bajo un cielo nublado con la promesa de nieve.

—¿Por qué no escogiste una escuela más cerca a casa? —refunfuñó Mami al subirnos al tren que nos llevaría a Manhattan. Yo temía que, aunque me aceptaran a la escuela, ella no me dejaría ir porque quedaba tan lejos, una hora en cada dirección por tren. Pero, aunque se quejaba, estaba orgullosa de que por lo menos yo calificaba para ser considerada para una escuela tan famosa. Y hasta parecía estar excitada de que yo saldría del vecindario.

—Vas a conocer una clase de gente diferente —me aseguró, y yo sentí la fuerza de su ambición sin saber exactamente lo que eso quería decir.

Tres mujeres estaban sentadas detrás de una mesa larga en un salón donde los pupitres habían sido empujados contra las paredes. Al entrar, mantuve mi frente alta y sonreí, floté hacia el asiento en frente de ellas, puse mis manos en mi falda y sonreí otra vez.

—Buenos días —dijo la señora alta con pelo color de arena. Era huesuda y sólida, con ojos intensamente azules, una boca generosa y manos suaves con uñas cortas. Estaba vestida en tintes pardos de la cabeza a los pies, sin maquillaje y sin joyas, menos la cadena de oro que amarraba sus lentes sobre un pecho amplio. Su voz era profunda, modulada, cada palabra pronunciada como si la estuviera inventando.

A su lado estaba una mujercita con tacos altísimos. Su cabello corto formaba una corona alrededor de su cara, la pollina[5] cepillando las puntas de sus pestañas falsas. Sus ojos oscuros vestían una línea negra a su alrededor, y su boca pequeña parecía haber sido dibujada y luego pintada en rojo vivo. Su cara dorada por el sol me miró con la inocente curiosidad de un bebé listo. Estaba vestida de negro, con muchas cadenas alrededor del cuello, pantallas colgando hasta los hombros, varias pulseras y sortijas de piedras en varios colores en cuatro dedos de cada mano.

La tercera mujer era alta, delgada, pero bien formada. Su cabello negro estaba peinado contra su casco en un moño en la nuca. Su cara angular atrapaba la luz, y sus ojos, como los de un cervato[6], eran inteligentes y curiosos. Su nariz era derecha, sus labios llenos pintados un color de rosa

---

5. **pollina:** flequillo, cerquillo

6. **cervato:** ciervo de menos de seis meses

un poco más vivo que su color natural. Puños de seda verde se veían bajo las mangas de su chaqueta color vino. Aretes de diamante guiñaban desde los lóbulos de orejas perfectamente formadas.

Yo había soñado con este momento durante varias semanas. Más que nada, quería impresionar al jurado con mi talento para que me aceptaran en Performing Arts High School y para poder salir de Brooklyn todos los días, y un día nunca volver.

Pero en cuanto me enfrenté con estas tres mujeres bien cuidadas, se me olvidó el inglés que había aprendido y las lecciones que Missis Johnson me había inculcado sobre cómo portarme como una dama. En la agonía de contestar sus preguntas incomprensibles, puyaba[7] mis manos hacia aquí y hacia allá, formando palabras con mis dedos porque no me salían por la boca.

—¿Por qué no nos dejas oír tu soliloquio ahora? —preguntó la señora de los lentes colgantes.

Me paré como asustada, y mi silla cayó patas arriba como a tres pies de donde yo estaba parada. La fui a buscar, deseando con toda mi alma que un relámpago entrara por la ventana y me hiciera cenizas allí mismo.

—No te aflijas —dijo la señora—. Sabemos que estás nerviosa.

Cerré los ojos y respiré profundamente, caminé al centro del salón y empecé mi soliloquio.

—Llu bilón tú é tayp dats beri cómo in dis contri Missis Felps. É tayp of selcente red self pí tí in són de baurin taygrés huid on menshonabol proclibétis on de sayd.

A pesar de las instrucciones de Mister Gatti de hablar lentamente y pronunciar bien las palabras aunque no las entendiera, recité mi monólogo de tres minutos en un minuto sin respirar ni una vez.

Las pestañas falsas de la señora bajita parecían haber crecido de sorpresa. La cara serena de la señora elegante temblaba con risa controlada. La señora alta vestida de pardo me dio una sonrisa dulce.

_____
7. **puyaba:** (uso regional) mover las manos nerviosamente

—Gracias, querida. ¿Puedes esperar afuera un ratito?

Resistí el deseo de hacerle reverencia. El pasillo era largo, con paneles de madera angostos pegados verticalmente entre el piso y el cielo raso. Lámparas con bombillas grandes y redondas colgaban de cordones largos, creando charcos amarillos en el piso pulido. Unas muchachas como de mi edad estaban sentadas en sillas a la orilla del corredor, esperando su turno. Me miraron de arriba a abajo cuando salí, cerrando la puerta tras de mí. Mami se paró de su silla al fondo del corredor. Se veía tan asustada como me sentía yo.

—¿Qué te pasó?

—Ná' —no me atrevía a hablar, porque si empezaba a contarle lo que había sucedido, empezaría a llorar enfrente de las otras personas, cuyos ojos me seguían como si buscando señas de lo que les esperaba. Caminamos hasta la puerta de salida—. Tengo que esperar aquí un momentito.

—¿No te dijeron nada?

—No. Sólo que espere aquí.

Nos recostamos contra la pared. Enfrente de nosotras había una pizarra de corcho con recortes de periódico acerca de graduados de la escuela. En las orillas, alguien había escrito en letras de bloque, "P.A." y el año cuando el actor, bailarín o músico se había graduado. Cerré mis ojos y traté de imaginar un retrato de mí contra el corcho y la leyenda "P.A. '66" en la orilla.

La puerta al otro lado del pasillo se abrió, y la señora vestida de pardo sacó la cabeza.

—¿Esmeralda?

—¡Presente! quiero decir, aquí —alcé la mano.

Me esperó hasta que entré al salón. Había otra muchacha adentro, a quien me presentó como Bonnie, una estudiante en la escuela.

—¿Sabes lo que es una pantomima? —preguntó la señora. Señalé con la cabeza que sí—. Bonnie y tú son hermanas decorando el árbol de Navidad.

Bonnie se parecía mucho a Juanita Marín, a quien yo había visto por última vez cuatro años antes. Decidimos dónde poner el árbol invisible, y nos sentamos en el piso y actuamos como que estábamos sacando las decoraciones de una caja y colgándolas en las ramas.

Mi familia nunca había puesto un árbol de Navidad, pero yo me acordaba de cómo una vez yo ayudé a Papi a ponerle luces de colores alrededor de una mata de berenjenas que dividía nuestra parcela de la de Doña Ana. Empezamos por abajo, y le envolvimos el cordón eléctrico con las lucecitas rojas alrededor de la mata hasta que no nos quedaba más. Entonces Papi enchufó otro cordón eléctrico con más luces, y seguimos envolviéndolo hasta que las ramas se doblaban con el peso y la mata parecía estar prendida en llamas.

En un ratito se me olvidó dónde estaba, y que el árbol no existía, y que Bonnie no era mi hermana. Hizo como que me pasaba una decoración bien delicada y, al yo extender la mano para cogerla, hizo como que se me cayó y se rompió. Me asusté de que Mami entraría gritándonos que le habíamos roto una de sus figuras favoritas. Cuando empecé a recoger los fragmentos delicados de cristal invisible, una voz nos interrumpió y dijo:

—Gracias.

Bonnie se paró, sonrió y se fue.

La señora elegante estiró su mano para que se la estrechara.

—Notificaremos a tu escuela en unos días. Mucho gusto en conocerte.

Le estreché la mano a las tres señoras, y salí sin darles la espalda, en una neblina silenciosa, como si la pantomima me hubiera quitado la voz y el deseo de hablar.

De vuelta a casa, Mami me preguntaba qué había pasado, y yo le contestaba: "Ná'. No pasó ná'," avergonzada de que, después de tantas horas de práctica con Missis Johnson, Mister Barone y Mister Gatti, después del gasto de ropa y zapatos nuevos, después de que Mami tuvo que coger el día libre sin paga para llevarme hasta Manhattan, después de todo eso, no había pasado la prueba y nunca jamás saldría de Brooklyn.

Responde

Si fueras Esmeralda, ¿irías a la audición? ¿Por qué sí o por qué no?

Esmeralda Santiago se crió en Puerto Rico con siete hermanos. De niña, escuchaba de noche el sonido de los coquíes en la huerta de los mangos. Más tarde, su familia se mudó a la ciudad de Nueva York, donde ella luchó para participar en un mundo nuevo y para aprender un idioma nuevo.

Santiago logró estudiar en Performing Arts High School. Después fue a la Universidad de Harvard. Su primer libro, *Cuando era puertorriqueña*, cuenta de su niñez en Puerto Rico y la difícil transición a la vida en Nueva York.

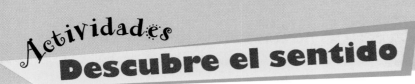

Actividades
Descubre el sentido

Analiza la lectura

Recuerda

1. ¿Cómo se prepara Esmeralda para la audición?
2. ¿Qué pasa durante la audición?

Interpreta

3. ¿Por qué Esmeralda le dice a Yolanda que no le gusta mucho la gente?
4. ¿Por qué se quiere ir de Brooklyn?
5. ¿Estás de acuerdo con Esmeralda cuando ella dice que le fue mal en la prueba?

Avanza más

6. ¿Qué sucede cuando una persona quiere algo que parece imposible de lograr?

Para leer mejor

Desarrolla tu criterio sobre el narrador

En una historia contada en primera persona, el narrador presenta su perspectiva de los acontecimientos. Tú como lector, a medida que vas leyendo desarrollas opiniones acerca del narrador. También desarrollas criterios (que se fundamentan en el texto) basados en las palabras y las acciones del narrador y sus relaciones con los demás personajes.

En *Nos va a salir la cosa*, la narradora crea un autorretrato a través del relato de la prueba. Consulta el esquema que hiciste mientras leías, y contesta las siguientes preguntas sobre Esmeralda:

1. ¿Qué nos revela Esmeralda de su manera de ser? ¿Qué acciones suyas nos dan esa información?
2. ¿Cómo es el carácter de Esmeralda?
3. ¿Por qué Esmeralda se concentra en su experiencia con la prueba?

Ideas para escribir

Ensayo persuasivo Como vemos en la narración de Esmeralda, a veces hay que arriesgarse para lograr lo que se quiere en la vida.

Escribe un ensayo opinando si Esmeralda debe ir a la audición. ¿Crees que tiene talento? ¿Crees qué estaría más feliz en el Performing Arts High School que en su escuela de Brooklyn?

Artículo para el periódico Entrevista a alguien que ejerce una profesión que a ti te interesa y pregúntale qué hay que hacer para seguir esa carrera. Escribe un artículo para el periódico de tu escuela con la información que obtengas.

Ideas para proyectos

Caja de recursos Trabaja con un grupo para crear una caja con información sobre las carreras que les interesan a tus compañeros. Averigua cuáles son los requisitos de estudio, las posibilidades de empleo, oportunidades y otros beneficios. Escribe la información en tarjetas y ponlas en una caja, en orden alfabético.

Mapa de carreras Dibuja un mapa de carreras para tu propio uso. Habla con ex alumnos, padres, maestros y consejeros que te puedan ayudar a hacer un plan que te preparará para elegir una carrera más adelante.

¿Estoy progresando? Contesta estas preguntas:

¿Qué debo recordar cuando estoy leyendo una narración en primera persona?

¿Qué he aprendido sobre los pasos a seguir para tener una carrera en el futuro?

Yo y mí mundo

Los proyectos...............

Las lecturas de esta unidad te han mostrado las alternativas que tienes si reflexionas sobre ti mismo y tu mundo. Ahora, te toca desarrollar un proyecto propio mediante el cual te expreses, te relaciones con los demás y aprendas algo que te sirva para moldear el mundo en que vives.

Autorretrato Crea un autorretrato. Busca fotos tuyas de distintas épocas de tu vida, o si lo deseas, dibuja un autorretrato que incluya tus atributos más importantes. Escribe tu autobiografía, en prosa o en poesía. Cuando leas segmentos de tu autobiografía a la clase, utiliza tu autorretrato para que tus compañeros puedan visualizar las diferentes épocas de tu vida.

Festival de cuentos Con un grupo de compañeros, planea un festival de cuentos para dar a conocer relatos y leyendas de diferentes culturas. Pídeles a tus amigos y parientes información sobre gente que haya aportado algo importante al mundo. Selecciona fotos y dibujos, o haz tus propias ilustraciones para acompañar los cuentos.

Escuela del futuro Imagínate cómo sería asistir a la escuela del futuro, dentro de unos cincuenta años. Utiliza recursos que se encuentran en la sala de clase y la biblioteca de la escuela o la biblioteca pública para encontrar ideas sobre el futuro. Escribe sobre lo que has hallado y responde a las siguientes preguntas: ¿Qué cambiará? ¿Qué quedará como está? Si pudieras asistir a la escuela del futuro ¿Cuáles serían tus ambiciones profesionales? ¿Cómo podría ayudarte tu escuela a realizar tus sueños?

¡Adelante!
Libros de interés

Lazarillo de Tormes
autor anónimo, Edición de Victor García de la Concha

Una adaptación de lo que es quizás la obra más revolucionaria de la literatura española, publicada originalmente a mediados del siglo XVI. Cuenta la vida de un pregonero toledano. Es conocida como una de las mejores novelas picarescas de la tradición literaria mundial.

La navidad en las montañas
de Ignacio M. Altamirano

Esta novela relata un episodio en la vida de un militar, que durante una Navidad se reencuentra con las tradiciones populares que endulzaron su niñez, y que además tiene la oportunidad de ver realizados, en un pequeño pueblo serrano, sus ideales de concordia y trabajo.

Tapiz norteamericano

Threads of Friendship Quilt Cocheco Quilters Guild, Dover, New Hampshire *New England Quilt Museum*

¡Entérate!

Mira la ilustración del tapiz que se llama "Hilos de la amistad". ¿Qué te sugiere acerca de la diversidad de culturas existente en los Estados Unidos? Para contestar esta pregunta, puedes preguntarte: ¿Qué historias contamos? ¿Cuál es mi tradición cultural? ¿Cómo celebramos nuestra diversidad?

Actividades

En un grupo Piensen en qué tienen en común. Hagan una lista de los "hilos en común" que hay entre ustedes. Utilizando la información que recopilen, preparen un guión y hagan una dramatización breve que ilustre esas conexiones. Represéntenla ante la clase.

Actividades

Por tu cuenta Imagínate que eres un hilo en el tapiz que aparece en esta página. Haz un diagrama que muestre el punto geográfico donde estás, y ponte en el centro del mismo. Haz una lista de las conexiones entre ti, otra gente, otros lugares y otras naciones. Escribe un párrafo o haz un dibujo para ilustrar las conexiones que pusiste en la lista.

Menú de proyectos ....

De los siguientes proyectos, escoge uno que te interese. Hay más detalles en la página 60.

- **Exhibición de tradiciones culturales**
- **Línea cronológica**
- **Feria internacional**

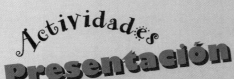

Actividades
Presentación

Naranjas de Ángela McEwan-Alvarado
Los otros pioneros de Roberto Félix Salazar

¿Qué experiencias te hacen recordar momentos ya vividos?

Aplica lo que sabes

Las acciones más sencillas a veces traen recuerdos maravillosos. Una persona podría empezar a comer un muslo de pollo y de pronto recordar un picnic con un amigo. Otro, al caminar descalzo sobre una suave alfombra podria recordar una caminata por un bosque con el suelo cubierto de musgo. Lo que se ve, los olores, los sabores, los sonidos y lo que tocas pueden evocar recuerdos.

Para evocar tus recuerdos, haz una o ambas de las siguientes actividades:

- Piensa en experiencias sensoriales que te hacen recordar algo. Por ejemplo, el olor de las gardenias podría recordarte el perfume que usa tu tía.
- Explícale a un(a) compañero(a) una experiencia sensorial que tuviste, como tirarte en una piscina de agua fría. Tu compañero(a) puede indicar cómo esa experiencia trae ciertos recuerdos o pensamientos. Entonces, intercambien papeles.

Lee Activamente
Cómo enfocar en los detalles importantes

En el pasado, cuando la gente se asentó en una tierra nueva, observaron detenidamente el paisaje para conocerlo bien. Es posible que tuvieran un gran interés por conocer el ambiente dentro del cual habrían de vivir. De igual manera, cuando leas, es importante que te fijes en los **detalles** del mundo que ha creado el autor — el mundo que habitarás, por lo menos, por un rato. Los **detalles** tienen mucha importancia en la literatura ya que los autores usan palabras muy específicas para transmitir sus respectivos mensajes. Sacarás mayor provecho de una lectura si te fijas y piensas, detenidamente, en sus detalles.

Según vayas leyendo cada texto, completa un diagrama como el siguiente con los detalles que parecen aportar un mayor significado al mismo.

detalles del cuento

Naranjas

Ángela McEwan-Alvarado

Desde que me acuerdo, las cajas de naranjas eran parte de mi vida. Mi papá trabajaba cortando naranjas y mi mamá tenía un empleo en la empacadora, donde esos globos dorados rodaban sobre bandas para ser colocados en cajas de madera. En casa, esas mismas cajas burdas nos servían de cómoda, bancos y hasta lavamanos, sosteniendo una palangana y un cántaro de esmalte descascarado. Una caja con cortina se usaba para guardar las ollas.

Cada caja tenía su etiqueta con dibujos distintos. Esas etiquetas eran casi los únicos adornos que había en la habitación pequeña que nos servía de sala, dormitorio y cocina. Me gustaba trazar con el dedo los diseños coloridos —tantos diseños— me acuerdo que varios eran de flores —azahares, por supuesto— y amapolas y orquídeas, pero también había un gato negro y una carabela. El único inconveniente eran las astillas. De vez en cuando se me metía una en la mano. Pero como dicen, "A caballo regalado, no se le miran los dientes".

Mis papás llegaron de México a California siguiendo su propio sueño de El Dorado. Pero lo único que encontramos eran las naranjas colgadas entre abanicos de hojas temblorosas en hectáreas y hectáreas de árboles verdes y perfumados. Ganábamos apenas lo suficiente para ajustar, y cuando yo nací el dinero era más escaso aún, pero lograron seguir comiendo y yo pude ir a la escuela. Iba descalzo, con una camisa remendada y un pantalón recortado de uno viejo de mi papá. El sol había acentuado el color de mi piel y los otros muchachos se reían de mí. Quería dejar de asistir, pero mi mamá me decía —Estudia, hijo, para que consigas un buen empleo, y no tengas que trabajar tan duro como tus papás—. Por eso, iba todos los días a luchar con el sueño y el aburrimiento mientras la maestra seguía su zumbido monótono.

En los veranos acompañaba a mi papá a trabajar en los naranjales. Eso me parecía más interesante que ir a la escuela. Ganaba quince centavos por cada caja que llenaba. Iba con una enorme bolsa de lona colgada de una banda ancha para tener las manos libres, y subía por una escalerilla angosta y

Palabras básicas

burdas: toscas, groseras
palangana: vasija ancha y poco profunda que sirve especialmente para lavarse la cara y las manos
carabela: barco de vela

tan alta que podía imaginarme pájaro. Todos usábamos sombreros de paja de ala ancha para protegernos del sol y llevábamos un pañuelo para limpiar el sudor que salía como rocío salado en la frente. Al cortar las naranjas se llenaba el aire del olor punzante del zumo, porque había que cortarlas justo a la fruta sin dejar tallo. Una vez nos

tomaron una foto al lado de las naranjas recogidas. Eso fue un gran evento para mí. Me puse al lado de mi papá, inflándome los pulmones y echando los hombros para atrás, con la esperanza de aparecer tan recio como él y di una sonrisa tiesa a la cámara. Al regresar del trabajo, mi papá solía sentarme sobre sus hombros, y así caminaba a la casa riéndose y cantando.

Mi mamá era delicada. Llegaba a casa de la empacadora, cansada y pálida, a preparar las tortillas y recalentar los frijoles; y todas las noches, recogiéndose en un abrigo de fe, rezaba el rosario ante un cuadro de la Virgen de Zapopán.

Yo tenía ocho años cuando nació mi hermana Ermenegilda. Pero ella sólo

vivió año y medio. Dicen que se enfermó por una leche mala que le dieron cuando le quitaron el pecho. Yo no sé, pero me acuerdo que estuvo enferma un día nada más, y al día siguiente se murió.

Nuestras vidas hubieran seguido de la misma forma de siempre, pero vino un golpe inesperado. El dueño de la compañía vendió parte de los terrenos para un reparto de casas, y por eso pensaba despedir a varios empleados. Todas las familias que habíamos vivido de las naranjas sufríamos, pero no había remedio. Mi mamá rezaba más y se puso más pálida, y mi papá dejó de cantar. Caminaba cabizbajo y no me subía a los hombros.

—Ay, si fuera carpintero podría conseguir trabajo en las construcción de esas casas— decía. Al fin se decidió ir a Los Ángeles donde tenía un primo, para ver si conseguía trabajo. Mi mamá sabía coser y tal vez ella podría trabajar en una fábrica. Como no había dinero para comprarle un pasaje en el tren, mi papá decidió meterse a escondidas en el tren de la madrugada. Una vez en Los Ángeles, seguramente conseguiría un empleo bien pagado. Entonces nos mandaría el pasaje para trasladarnos.

La mañana que se fue hubo mucha neblina. Nos dijo que no fuéramos a despedirle al tren para no atraer la atención. Metió un pedazo de pan en la camisa y se puso un gorro. Después de besarnos a mi mamá y a mí, se fue caminando rápidamente y desapareció en la neblina.

Mi mamá y yo nos quedamos sentados juntos en la oscuridad, temblando de frío y de los nervios, y tensos por el esfuerzo de escuchar el

Palabras básicas

zumo: jugo
recio: fuerte, robusto, vigoroso

primer silbido del tren. Cuando al fin oímos que el tren salía, mi mamá dijo: —Bueno, ya se fue. Que vaya con Dios—.

No pudimos volver a dormir. Por primera vez me alisté temprano para ir a la escuela.

Como a las diez de la mañana me llamaron para que fuera a mi casa. Estaba agradecido por la oportunidad de salir de la clase, pero tenía una sensación rara en el estómago y me bañaba un sudor helado mientras corría. Cuando llegué jadeante estaban varias vecinas en la casa y mi mamá lloraba sin cesar.

—Se mató, se mató— gritaba entre sollozos. Me arrimé a ella mientras el cuarto y las caras de la gente daban vueltas alrededor de mí. Ella me agarró como un náufrago a una madera, pero siguió llorando.

Allí estaba el cuerpo quebrado de mi papá. Tenía la cara morada y coágulos de sangre en el pelo. No podía creer que ese hombre tan fuerte y alegre estuviera muerto. Por cuenta había tratado de cruzar de un vagón a otro por los techos y a causa de la neblina no pudo ver bien el paraje. O tal vez por la humedad se deslizó. La cosa es que se cayó poco después de haberse subido. Un vecino que iba al trabajo lo encontró al lado de la vía, ya muerto.

Los que habían trabajado con él en los naranjales hicieron una colecta, y con los pocos centavos que podían dar reunieron lo suficiente para pagarnos el pasaje en el tren. Después del entierro, mi mamá empacó en dos bultos los escasos bienes que teníamos y fuimos a Los Ángeles. Fue un cambio decisivo en nuestras vidas, más aún, porque íbamos solos, sin mi papá. Mientras el tren ganaba velocidad, soplé un adiós final a los naranjos.

El primo de mi papá nos ayudó y mi mamá consiguió trabajo cosiendo en una fábrica de overoles. Yo empecé a vender periódicos después de la escuela. *Hubiera dejado de ir del todo* a la escuela para poder trabajar más horas, pero mi mamá insistió en

Palabras básicas

por cuenta: solo, sin que nadie se lo indique

que terminara la secundaria. Eso pasó hace muchos años. Los naranjales de mi niñez han desaparecido. En el lugar donde alzaban sus ramas perfumadas hay casas, calles, tiendas y el constante vaivén de la ciudad. Mi mamá se jubiló con una pensión pequeña, y yo trabajo en una oficina del estado. Ya tengo familia y gano lo suficiente para mantenerla. Tenemos muebles en vez de cajas, y mi mamá tiene una mecedora donde sentarse a descansar. Ya ni existen aquellas cajas de madera, y las etiquetas que las adornaban se coleccionan ahora como una novedad.

Pero cuando veo las pirámides de naranjas en el mercado, hay veces que veo esas cajas de antaño y detrás de ellas está mi papá, sudado y sonriendo, estirándome los brazos para subirme a sus hombros.

Palabras básicas

antaño: tiempo anterior, tiempo pasado

Ángela McEwan-Alvarado nació en Los Ángeles, California y ha vivido y estudiado en muchas partes de los Estados Unidos y en Guadalajara, México. Ella dice que "para comenzar a escribir hay que relajarse y permitir que el subconsciente funcione sin interferencias". Ella considera que los libros son buenos amigos, "listos a toda hora para acompañarnos o transportarnos a todas partes".

Responde

¿Qué recuerdo te trae un montón de naranjas? ¿En qué se parece o se diferencia tu recuerdo al de la narradora? Explica.

Los otros pioneros

ROBERTO FÉLIX SALAZAR

TRADUCIDO POR
JENNIFER ESTRELLA

Ahora debo escribir
sobre los míos que cabalgaron por estas llanuras
mucho antes de la llegada de los sajones[1] e irlandeses.[2]
Sobre aquellos que araron la tierra y construyeron los pueblos
5 y les dieron a los pueblos los nombres españoles que tan suavemente se hilan.
Sobre aquéllos que cruzaron el Río Grande[3]
hacia el silbido de la serpiente tejana y el grito del indio.
Sobre hombres que de la tierra levantaron hogares de gruesas paredes
10 y de la tierra erigieron iglesias a su Dios.
Y de las mujeres que les parieron hijos
y sonreían con alegría.

---

1. sajones: descendientes de ingleses

2. irlandeses: naturales de Irlanda

3. Río Grande: río que separa a México de los Estados
Unidos

Palabras básicas

cabalgaron: montaron a caballo
parieron: dieron a luz, trajeron
hijos al mundo

Ellos vieron subir el sol tejano, de un rojo dorado que prometía riquezas
y lo vieron hundirse todavía dorado con riquezas sin gastar.
15 "Aquí", dijeron, "aquí viviremos y aquí amaremos."
"Esta es la tierra para nuestros hijos y para los hijos de nuestros hijos."
Y cantaron las canciones de la antigua España[4]
y compusieron nuevas canciones que se adaptaban a las nuevas necesidades.
Limpiaron los campos y sembraron el maíz
20 y vieron los tallos verdes ennegrecer por falta de lluvia.
Cabalgaron las llanuras arreando la manada
y enfrentaron los crueles ataques de los indios.
Hubo polvo y hubo sudor,
y hubo lágrimas y las mujeres rezaron.

25 Y pasaron los años.
Los que llegaron primero a sus tumbas
Junto al ancho árbol de mesquite y el alto nopal.
Madres bondadosas dejaron sus gracias y sus artes
y padres vigorosos su orgullo y fuerza varonil.
30 Salinas, de la Garza, Sánchez, García,
Uribe, González, Martínez, de León:
Fueron los nombres de los padres.
Salinas, de la Garza, Sánchez, García,
Uribe, González, Martínez, de León:
35 Son los nombres de los hijos.

_____
4. España: nación del suroeste de Europa

Palabras básicas

arreando: estimulando a las bestias para que echen a andar o aviven el paso

mesquite: árbol de cuyas hojas se saca un extracto para el tramiento de inflamaciones de los ojos

nopal: planta de la familia cactícea cuyo fruto, el higo chumbo, es comestible

Roberto Félix Salazar Se sabe muy poco del poeta méxicoamericano Roberto Félix Salazar. Philip Ortega, profesor de Estudios Chicanos, dice que Salazar escribió el poema *Los otros pioneros* para recordarle a la gente que los primeros colonos europeos del suroeste de los Estados Unidos tenían apellidos españoles.

Responde

¿Qué detalles has añadido en tu mente a una historia familiar para recordarla más claramente?

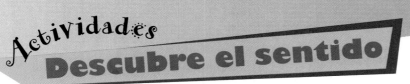

Analiza la lectura

Recuerda

1. ¿Cómo viven los trabajadores de los campos en *Naranjas*?
2. En *Naranjas*, ¿por qué quiere ir a Los Angeles el padre de la narradora?
3. ¿Cuándo llegaron los antepasados de Salazar a los llanos?

Interpreta

4. ¿Cómo las experiencias vividas durante la niñez ayudaron a la narradora de *Naranjas* en su vida adulta?
5. En *Los otros pioneros*, ¿qué quiere decir el narrador cuando dice, los otros pioneros "vieron el sol de Texas hundirse todavía dorado con riquezas sin gastar"?

Avanza más

6. ¿Qué ilustran estas lecturas con respecto a la diversidad de los Estados Unidos?

Para leer mejor

Cómo inferir el tema por los detalles

Al juntar los detalles de estos textos, habrás notado que el conjunto parece sugerir una idea principal. A veces, puedes **inferir** — llegar a una conclusión — sobre el tema de una selección basándote en los detalles que presenta el autor. Por ejemplo, en *Los otros pioneros*, puedes **inferir** un tema específico al leer sobre la puesta del sol "con riquezas sin gastar" y los verdes tallos de maíz que se vuelven negros.

1. ¿Cuál es el tema de *Naranjas*? Indica dos detalles que te ayudaron a identificar el tema.
2. Según los detalles que apuntaste de *Los otros pioneros*, ¿cuál es el tema del poema? Explica.

Ideas para escribir

Los detalles juegan un papel esencial en toda obra escrita.

Escena de un cuento Imagínate el encuentro entre un(a) anglo y un(a) descendiente de españoles en el suroeste, durante la colonización de los Estados Unidos. Escribe la escena de un cuento en que describes ese encuentro. Incluye detalles que sugieran el tema de la escena.

Poema Escribe un poema descriptivo que evoque imágenes de tu recuerdo o el de un narrador imaginario de prosa o poesía. Piensa cómo puedes presentar detalles relacionados con los cinco sentidos cuando escojas imágenes.

Ideas para proyectos

Mapa de pioneros ¿Quiénes fueron los primeros en colonizar los Estados Unidos? Dibuja un mapa e indica con símbolos o claves los orígenes culturales de algunos de los primeros colonizadores de los Estados Unidos. Usa una leyenda para explicar los símbolos.

Contribuciones de los hispanoparlantes Investiga algunas de las contribuciones que los hispanoparlantes han aportado a la cultura actual de los Estados Unidos. Haz una presentación sobre estas aportaciones. Si es posible, incluye música grabada, reproducciones de murales y de otras artes, recetas y hasta comidas de los países donde se habla el español.

¿Estoy progresando?

Dedica unos momentos a contestar estas preguntas.

¿Cómo inferí los temas o mensajes centrales de las selecciones después de reconocer los detalles?

¿Cómo me ayudaría el reconocer los detalles, con la comprensión de otras lecturas?

¿Qué aprendí en estas lecturas con respecto a la diversidad en América?

¿Cuántas vidas has vivido?

Aplica lo que sabes

Podrías pensar que una autobiografía consiste en una narración en orden cronológico de los acontecimientos de tu vida. Sin embargo, el escribir sobre ti mismo(a) te da la libertad de concentrar la narración en cualquier cosa que haya tenido importancia para ti, como tu nombre, tu fruta predilecta o el juego que más te gusta.

En *Nombres*, Julia Álvarez nos cuenta su vida en un país nuevo como una aventura de nombres. Considera la importancia de los nombres al hacer una o ambas de estas actividades:

- Con un compañero, escriban los apodos de algunas personas conocidas. Analicen cómo un apodo les da una idea diferente de una persona.
- Imagínate que tienes que ayudar a ponerle nombre a un recién nacido. Escoge un nombre y después explica por qué lo escogiste.

Lee activamente

Recopila datos sobre el objeto de una autobiografía

Cuando un escritor narra su vida en una autobiografía, ofrece algo de su intimidad y de sus experiencias personales. Puedes aprovecharte de eso y recopilar **datos** sobre el autobiografiado. Al anotar las ideas importantes sobre el(la) autor(a), conocerás cómo es.

Mientras lees cada texto, notarás que Álvarez cuenta sus experiencias con los nombres, Mora describe el juego del mango y García escribe sobre el juego de béisbol. Recoge tus **datos** en un diagrama como el siguiente:

Título	Autor	Datos personales
Nombres	Julia Álvarez	
Béisbol	Lionel García	
Jugo de mango	Pat Mora	

Nombres / Names

Julia Álvarez

TRADUCIDO POR CONSUELO CORRETJER LEE

Cuando llegamos a la ciudad de Nueva York, nuestros nombres cambiaron casi inmediatamente. En inmigración, el agente le preguntó a mi padre, *Mr. Elbures*, si tenía algo que declarar. Él sacudió la cabeza, para decir "No", y con un ademán nos hicieron pasar. Yo, temiendo que no nos dejaran entrar, no me atreví a corregirle la pronunciación, al hombre. Pero, para mis adentros pronuncié nuestro apellido, abriendo la boca para pronunciar la *a*, como sonido de órgano, vibrando la lengua como tambor para pronunciar la *r*. *Ál-va-rez*. ¿Cómo es posible que se pueda sacar *Elbures* de ese sonido tan musical?

En el hotel, mi madre era *Missus Alburest*, y yo era *la nena*, como en "Oye, nena, deja de estar subiendo y bajando en el elevador que *no* es un juguete".

Al principio cuando nos mudamos al edificio de apartamentos, el super le puso el nombre de *Alberase* a mi papá, y las vecinas amigas de mi mamá pronunciaban su nombre *Yu-li-a* en vez de *Ju-li-a*. Yo, con el mismo nombre, en casa era Julia pero, en la escuela era *Judy* o *Judith*. Hasta que una vez, una maestra de inglés confundió mi nombre con *Julieta*.

Transcurrió algún tiempo hasta que me acostumbré a mis nuevos nombres. Me pregunté si debía o no corregir a mis maestras y nuevas amistades. Pero mi mamá decía que no tenía importancia. "Tú sabes, como dijo tu amigo Shakespeare, 'Una rosa, aunque llevara otro nombre tendría el mismo perfume'". Mi padre adquirió el hábito de referirse a cualquier escritor famoso como "mi amigo" porque en la clase de inglés había

Palabras básicas

ademán: gesto, movimiento hecho con la mano
elevador: ascensor

escrito mis primeros poemas y cuentos.

Cuando llegué a la secundaria era popular entre mis amistades y esto se notaba por el nombre con que se referían a mí. Las amistades me decían *Jules* o *Hey Jude* y en una ocasión un grupo de alborotosos con quienes mi madre me había prohibido que me juntara, me llamaron Alcatraz. Era Julia, únicamente para Mami y Papi y para los tíos y tías que venían a comer sancocho los domingos en la tarde. Eran de la vieja escuela; y yo hubiese preferido que se regresaran al lugar de donde vinieron y me dejaran en paz para hacer todas las diabluras que se me ocurrieran en América. El afiche de "Se busca" diría: "JUDY ALCATRAZ" ¿y quién iba a saber que era yo?

Mi hermana mayor pasó grandes trabajos para conseguir un nombre americano porque *Mauricia* no se traducía al inglés. Irónicamente, aunque ella, de todos nosotros, llevaba el nombre de sonido más extranjero, ella y yo éramos las americanas de la familia. Nacimos en la ciudad de Nueva York durante la primera ocasión en que nuestros padres intentaron inmigrar habiendo regresado "a casa"[1] porque tenían demasiada nostalgia para quedarse. Con frecuencia, mi mamá contaba cómo estuvo a punto, en el hospital, de cambiarle el nombre a mi hermana.

Luego del nacimiento, Mami, junto a otras madres arrullaban a sus recién nacidos e intercambiaban recuentos sobre las experiencias de sus respectivos partos, los nombres y los pesos de sus bebés al nacer. Mi mamá sintió vergüenza de revelar que el nombre de su bebé era el rico y sonoro nombre de Mauricia, entre las Sally, las Jane y los George. Así, que cuando le tocó a ella

Portrait of Klara Rosa Ibarra *Courtesy of the artist*

anunciar el nombre de su bebita, dijo que se llamaba Maureen. "¿Por qué le pusiste un nombre irlandés, con tantos nombres lindos que hay en español?", preguntó una de las mujeres. Mi mamá se sonrojó y admitió ante el grupo cuál era el verdadero nombre de su bebé. Su suegra había fallecido recientemente, se disculpó, y su esposo había insistido en que la primera hija se debía llamar como ella: *Maurán*. Mami pensaba que era el nombre más feo que había oído y logró convencer a mi papá de que aceptara lo que ella creía ser una mejoría, la combinación de *Maurán* con el nombre de su mamá: *Felicia*.

"Se llama *Mau-ri-cia*", le dijo al grupo de mujeres. "Pero si ése es un nombre muy lindo", dijeron las otras mamás mientras arrullaban al envoltorio rosado con: *Mu-ri-sha, Mu-ri-sha*. Y volvió a ser *Mu-ri-sha* once años más tarde, cuando regresamos a los Estados Unidos. A veces, las lenguas americanas[2] hasta encontraban esa mala pronunciación del nombre, difícil de decir, y

1. **"a casa":** en el contexto de la narración se refiere a su país de origen
2. **americanas:** en el contexto de la narración se refiere a los estadounidenses

le decían *María* o *Marsha* o *Maudy*, de su apodo *Maury*. Le tenía lástima. Que nombre tan espantoso para cruzar fronteras.

Mi hermanita Ana fue la que mejor salió. Era simplemente Anne. Únicamente su nombre era sencillo pues resultó ser la pálida y rubia "belleza americana" de la familia. Lo único hispano de ella eran los apodos afectuosos que a veces le daban su amigos. *Anita*, o como le decía un alocado amigo mientras entonaba el anuncio de los guineos,[3] *Anita Banana*.

Más tarde, durante los años 60, en que asistió a la universidad, hubo un apremio en pronunciar correctamente los nombres de las personas que procedían del Tercer Mundo. Recuerdo haberle hecho una llamada de larga distancia a la casa que compartía con otra gente. Un corresidente de la casa respondió a la llamada. "¿Puedo hablar con Ana?", dije con pronunciación americana. "¿Ana?" Titubeó la voz del hombre. "¡Oh!, usted quiere hablar con *Ah-na*".

Durante nuestros primeros años en los Estados Unidos, el concepto de etnia no estaba "de moda". Fueron los años de cabellos rubios, ojos azules, y calcetines al tobillo de la escuela intermedia y superior antes de que los 60 trajeran la moda de las blusas de campesina, los aretes de argolla, los zarapes. Mi deseo inicial de darme a conocer por mi nombre dominicano original se desvaneció. Quería ser simplemente Judy y confundirme con las Sally y las Jane de mi salón.

Pero inevitablemente, mi color y mi acento me traicionaban. "¿De dónde eres, Judy?" "De Nueva York", dije a mis condiscípulos. Después de todo, nací a unas cuadras en el hospital Columbia Presbyterian.

---

3. **guineos:** bananos

4. **Portorico:** pronunciación en inglés de Puerto Rico, la menor de las Antillas Mayores

5. **República Dominicana:** país antillano que ocupa una mitad de isla con Haití. La original Hispañola, una de las Antillas Mayores

"Quiero decir, originalmente"

"Del Caribe", respondía sin precisar donde, porque si especificaba, ninguno sabía con certeza en qué continente se encontraba nuestra isla.

"¿De veras? He ido a Bermuda. Fuimos de vacaciones en abril pasado y me quemé con el sol de mala manera. Eres de Portorico[4]?"

"No", dije suspirando, "de la República Dominicana[5]".

"¿Y donde queda eso?"

"Al sur de Bermuda".

Sólo tenían curiosidad, yo lo sabía. Pero me enfurecía de vergüenza cada vez que me señalaban como "extranjera", una amiga rara y exótica.

"Di tu nombre en español. Por favor, dilo". Un día, los había dejado boquiabiertos al recitarles todos mis nombres, que según la costumbre dominicana incluían mi segundo y tercer nombre más los apellidos de Mami y Papi de cuatro generaciones pasadas.

"Julia Altagracia María Teresa Álvarez Tavárez Perelló Espaillat Juliá Pérez Rochet González", dije pronunciando despacio ese nombre tan desordenado con sonidos de bazar del Oriente Medio o de día del mercado en una aldea de Sudamérica.

Mis orígenes dominicanos eran bien evidentes cuando la familia asistía a las actividades escolares. Vinieron todos a mi graduación. Las tías, los tíos y la gran cantidad de primitos que se colaron sin tener entradas. Se sentaron en primera fila para entender mejor el inglés que los americanos hablan con tanta rapidez. Pero, ¿cómo podían oírlo?, si se hablaban entre sí constantemente, con frases de sonidos

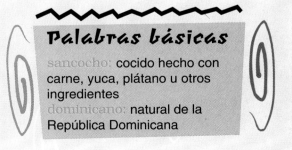

Palabras básicas

sancocho: cocido hecho con carne, yuca, plátano u otros ingredientes

dominicano: natural de la República Dominicana

floridos, de consonantes ornamentadas, de vocales de riqueza rítmica.

Presentárselos a mis amistades me era incómodo. Estos parientes tenían nombres tan complicados y eran tantos, y el parentesco conmigo era tan complejo. Estaba la tía Josefina, que no era tía sino una prima mucho mayor que yo; y su hija, Aída Margarita, que era adoptiva o una hija de crianza. Mi tío por cariño, tío José, trajo a mi madrina, tía Amelia y a la comadre de ella, tía Pilar. Mis amistades rara vez tenían más de "Mamá y Papá" a quienes presentar.

Luego de los ejercicios de graduación mi familia esperaba afuera en el estacionamiento mientras mis amigos y yo autografiábamos los respectivos anuarios con los apodos que rememoraban los buenos ratos pasados durante los años de secundaria. "Beans" y "Pepperoni" y "Alcatraz". Nos abrazamos y lloramos y nos comprometimos a mantenernos en contacto.

Los adioses se prolongaron. Escuché a mi papá llamándome desde el estacionamiento, "¡Ju-li-a! ¡Vámonos!"

De regreso a casa, mis tíos y tías y primas, Mami y Papi y mis hermanas hicieron una fiesta en mi honor con sancocho y un budín de la tienda que tenía escrito *Happy Graduation, Julie*. Hubo muchos regalos. Era una ventaja tener una familia numerosa. Recibí varias billeteras[6] y una maleta con mis iniciales, un dije[7] de graduación, regalo de mi abuela y dinero de parte de mis tíos. El de mayor tamaño fue una maquinilla portátil, regalo de mis padres para que tuviera con qué escribir cuentos y poemas.

Algún día, predijeron, mi nombre sería muy conocido en todos los Estados Unidos. Reí para mis adentros, pensando en cuál de ellos habría de usar.

---

6. billeteras: objetos de bolsillo que contienen dinero, tarjetas, etc.

7. dije: amuleto, abalorio, adorno

Julia Álvarez (1950–), que se crió en la República Dominicana, ha dicho que "El escribir es una manera de entenderte a ti misma. Aprendes cómo te sientes, pero al mismo tiempo haces tu propia declaración de cómo son las cosas, y esto te hace sentir un poquito más poderosa…".

Añade, "[Una] cosa te lleva a otra… [El escribir] te mantiene en contacto con la vida que te rodea, y esto es parte de lo que me gusta".

Palabras básicas

hija de crianza: niña que se cría bajo la tutela de personas que no son sus padres biológicos
budín: dulce que se prepara con bizcocho o pan deshecho en leche, azúcar y frutas secas
maquinilla: máquina de escribir

Responde

¿Cuántos nombres tienes?

BÉISBOL

Lionel G. García

Traducido por Jennifer Estrella

Nos encantaba jugar al béisbol. Llevábamos el viejo palo de mesquite y la vieja pelota al otro lado de la calle, al patio de la escuela parroquial, y jugábamos un partido. Al Padre Zavala le gustaba observarnos. Podíamos oírlo riéndose muy fuerte desde el balcón cubierto con tela metálica en la parte de atrás de la rectoría donde se sentaba a fumar sus cigarillos.

Jugábamos béisbol haciendo una rotación de posiciones después de cada "out". La primera base, la única que usábamos, estaba situada donde normalmente se encontraría la segunda base. Esto hacía que el bateador de turno tuviera que pasar por el lado del lanzador y correr un largo trecho antes de llegar donde lo esperaba el jugador de primera base — cosa que incrementaba la posibilidad de que se anotara un "out".

Palabras básicas

mesquite: árbol oriundo de América

rectoría: oficina de la casa parroquial

primera base: primera almohadilla alcanzada por el bateador, después de batear, para anotar una carrera

segunda base: segunda almohadilla alcanzada por el bateador en el proceso de anotar una carrera

lanzador: el que arroja la pelota, *pitcher*

El lanzador se alineaba con el bateador y con la primera base y podía pararse tan cerca o tan lejos del bateador como él o ella quisiera. Además del lanzador, el bateador y el jugador de primera base, teníamos un receptor; todos los demás nos parábamos en el campo exterior. Después de un "out", le tocaba batear al receptor, el lanzador tomaba la posición del receptor y el jugador de primera base pasaba a ser el lanzador. Los que estaban en el campo se las arreglaban como podían. No recuerdo haber llegado a batear.

Había una excepción al plan de rotación. No sé quién tuvo la idea, pero el que atrapara la pelota en el aire iba directamente al bate. Esto no le gustaba a los demás; podías estar seguro que el lanzador trataría de pegarte con la pelota cuando fueras a batear.

No había una distancia fija para la primera base. La primera base quedaba donde fuera que Matías o Juan o Cota arrojaran una piedra. Eran la ley. La distancia podía ser corta o larga, dependiendo de cuánto tiempo teníamos antes de que nos llamaran a comer. El tamaño de la piedra que marcaba la base era más importante que la distancia entre la primera base y la base del bateador. Si no nos llamaban a comer antes de que oscureciera, teníamos dificultad encontrar la primera base. A veces, alguien pateaba la piedra enviándola lejos y comenzaban las discusiones.

Cuando el bateador le pegaba a la pelota en el aire y la agarraban al vuelo, eso era un "out." Hasta ahí todo iba bien. Pero si la pelota daba en el suelo, el jugador del campo tenía dos opciones: primero, siguiendo las reglas del juego, podía tirarle la pelota al jugador de primera base y, si éste la agarraba antes de que llegara el bateador, era un "out". La segunda opción, mucho más interesante que la primera, permitía que el jugador de campo corriera, pelota en mano, tras del bateador. Si se le acercaba lo suficiente, el jugador de campo podía tirarle la pelota al bateador. Si la pelota le pegaba al bateador antes de que éste llegara a la primera base, era un "out"; pero si el bateador evadía la pelota, él o ella podía escoger entre correr hasta la primera base o volver a la base del bateador. Mientras tanto, todo el mundo perseguía al bateador arrojándole la pelota intentando pegarle. Para complicar las cosas, de regreso a su base el bateador tenía la opción de correr donde quisiera para evitar que le pegaran. Por ejemplo, podía correr y esconderse detrás de los árboles que quedaban en el patio de la escuela parroquial, yendo de árbol en árbol hasta que él o ella pudiera llegar a salvo a la

Palabras básicas

receptor: el que recibe la pelota si el bateador no batea, *catcher*

campo exterior: parte del campo de béisbol, fuera del diamante de juego

base del bateador. A menudo terminábamos jugando el partido más allá de donde estaba el padre Zavala, frente a la rectoría, a media cuadra de donde empezamos. O se nos podía ver persiguiendo al bateador por varias cuadras en dirección del pueblo, intentando pegarle con la pelota. Una vez llegamos al otro lado del pueblo antes de poder acorralar a Juan contra una verja, inmovilizarlo y pegarle con la pelota. Después, riéndonos, nos dejamos caer unos sobre otros en un montón, agotados por la carrera a través del pueblo.

Los vejetes, los viejos vagos que pasaban el día hablando por las esquinas, nunca se dieron cuenta de lo que hacíamos. Dejaban de conversar justamente el tiempo suficiente para mirarnos cuando les pasábamos de largo corriendo, gritando y tirándole la pelota al bateador.

Era el único tipo de béisbol que el padre Zavala había visto. ¡Qué juego tan estupendo le debe de haber parecido al vernos pegarle a la pelota, correr hacia una piedra, y luego correr a más no poder calle abajo! A él le encantaba el juego, nos gritaba, alentándonos,[1] desde el balcón cubierto con tela metálica. Y, de repente, desaparecíamos en persecución del bateador. ¡Que juego! ¡En qué estadio enorme se tendría que jugar el béisbol para permitir la libertad de abarcar esa cantidad tan extensa de terreno!

Mi tío Adolfo, que había sido lanzador de para los Yankees y los Cardenales en las grandes ligas, nos había regalado la pelota unos años antes. Una vez, cuando regresó de visita, nos vio jugando desde el otro lado de la calle, y cruzó para preguntarnos qué estábamos haciendo.

"Jugando béisbol", le contestamos como si pensáramos que él debía de saber la respuesta; después de todo, él era el jugador profesional.

Se alejó sacudiendo la cabeza. "¡Qué desperdicio de una buena pelota!", le oímos decir, maravillándose de nuestra ignorancia.

---

1. **alentándonos:** animándonos

Responde

Cuando eras niño, ¿cuáles eran tus juegos preferidos?

Lionel G. García

P: ¿En qué ambiente se desarrolla el escrito autobiográfico de la niñez de García?

R: García se crió en un pueblito llamado San Diego en el sur de Texas durante los años que siguen inmediatamente a la Segunda Guerra Mundial.

P: ¿Sobre qué escribe en su obra autobiográfica?

R: Escribe sobre personajes dignos de recordar, como su abuela que era sensible, su alocado tío Mercé y la tía Pepa, un perro callejero y el extraordinario sacerdote de San Diego.

P: ¿Qué importancia tiene la familia del escritor en su autobiografía?

R: Escribe sobre las personas de su familia y otras personas que han llegado a tener importancia para él. Él considera que toda la gente que incluye en sus escritos es parte de su familia.

JUGO de MANGO

Traducido por
María Rosa Fort

Pat Mora

Comer mangos
en un palillo
es reír
mientras un jugo dorado
5 resbala sobre
tu mentón
derritiendo modales
mientras mangos
se escurren entre tus labios
10 dulces pero quemantes

es golpear piñatas
con los ojos vendados y

girar
lejos de los azules
y los grises

15 es lanzar
frágiles cascarones
al cabello de tu amado,
confetti provocándolo
para quitarle su corbata
20 abrigo y zapatos
su boca abierta
y riendo
mientras le deslizas
más mango

25 rica pulpa fresca
de México
música provocándote
a salpicar
de banderolas los árboles
30 y cactus
provocando al viento
a flamear entre
tus cabellos florecientes
con confetti
35 y mariposas

los dedos de tus pies tibios
en la arena.

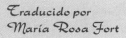

Responde

Cuando comes algo
que te gusta mucho, ¿qué
recuerdos trae de tu
niñez?

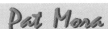

Palabras básicas

mangos: frutos de los
árboles del mismo nombre
cascarones: cáscaras
de huevos
banderolas: banderas pequeñas
flamear: ondear, ondular

Pat Mora es una
poeta de ascendencia
mexicana. Ha
publicado varios libros
de poesía entre los
cuales se incluyen
Fronteras y *Cánticos*
por lo que ganó el "Southwest
Book Award".

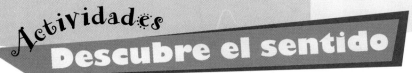

Actividades
Descubre el sentido

Analiza la lectura
Recuerda

1. Indica tres versiones del nombre: Álvarez.
2. Haz un resumen de las reglas del juego que se exponen en *Béisbol*.
3. Menciona dos cosas en *Jugo de mango* que la narradora compara con la experiencia de comer un mango.

Interpreta

4. ¿Por qué Álvarez le da un título doble, en inglés y español, a su relato?
5. ¿Por qué, en *Béisbol*, el Padre Zavala y el Tío Adolfo reaccionan de manera diferente al juego de los muchachos?
6. ¿Qué nos revela Mora de sí misma en *Jugo de mango*?

Avanza más

7. ¿Qué crees que diría cada autor sobre la importancia de las tradiciones culturales?

Para leer mejor
Cómo analizar la autobiografía

Los diagramas que hiciste te mostraron el enfoque de estas **autobiografías**. La vida de cada individuo consta de muchos detalles y comúnmente, el escritor escoge un punto de enfoque para organizar la narración de sus experiencias. Eso les ayuda a los lectores a entender lo que tiene mayor importancia para el autor.

Por ejemplo, Álvarez quiere comunicarle al lector cómo se sintió al llegar a un país extraño y enfatiza su experiencia con los nombres. Muestra cómo la gente "casi inmediatamente" pronuncia mal su apellido. Este detalle indica cómo esa cultura nueva afectará la identidad de Álvarez.

1. ¿Cómo reflejan su nueva identidad los nombres que los amigos le dan a Álvarez?
2. ¿Qué otro enfoque podría haber usado Álvarez para relatar sus primeras experiencias en los Estados Unidos?

3. En *Béisbol*, ¿cómo reflejan las reacciones de Padre Zavala el afecto que siente el autor por el juego?

Ideas para escribir

Estas lecturas te pueden enseñar bastante sobre la vida si prestas atención a detalles tales como los nombres y los juegos.

Columna de chismes Escribe una columna de chismes, para una revista de cine, sobre las estrellas que han cambiado de nombre. Compara los nombres viejos con los nuevos y explica cuáles son las imágenes que las estrellas tratan de proyectar.

Las reglas del juego Al igual que García, cuenta algo de tu vida al explicar las reglas de un juego que te gustaba mucho. Usa descripciones que mantengan el interés de tus lectores.

Ideas para proyectos

Los nombres de los huracanes Álvarez escribe sobre los nombres de personas, pero las tormentas también tienen nombres. Pídele a tu maestro(a) de ciencias que te recomiende libros o artículos sobre como se le da nombre a las tormentas tropicales. Explícale a tus compañeros de clase cómo funciona el sistema y los cambios que ha sufrido. Muestra fotos de varias tormentas para hacer más gráfica tu presentación.

Maqueta de juegos indígenas Crea una maqueta que muestre a unos indígenas de las Américas jugando un juego como el de la pelota de México. Incluye una ficha que explique cómo se jugaba.

¿Estoy progresando?

En tu diario contesta las siguientes preguntas:

¿Cómo me ayudó el análisis de los puntos de vista de los escritores a comprender sus autobiografías?

¿Qué aprendí sobre la importancia de los detalles sobre los nombres, las frutas y los juegos que forman parte de la tradición cultural de una persona?

Juguetes con la garantía del tiempo
de Mónica Ching Hernández

¿Cuánto sabes de las cosas que forman parte de tu tradición cultural?

Aplica lo que sabes

Muchos de los juguetes y otros objetos que ves en las tiendas o que tienes en tu casa han llegado a los Estados Unidos de otro país con una tradición cultural distinta. Algunos se han hecho a base de ideas sencillas; como la cuchara mexicana de madera que fue diseñada especialmente para preparar el chocolate caliente; los palillos que se usan para comer en muchos países asiáticos y las decoraciones festivas que reflejan una multitud de trasfondos culturales. Todas estas cosas ahora se han integrado como parte de la vida en los Estados Unidos y han enriquecido, culturalmente, a este país.

Para aprender sobre las influencias de otras culturas en los Estados Unidos, haz una o ambas de las actividades siguientes, con un grupo:

- Haz una lista de cosas que se usan comúnmente en los Estados Unidos pero que se originaron en otro país o cultura. ¿Cuáles de estos objetos se encuentran hoy día, en tu casa o en tu escuela?
- Una persona mencionará un objeto o una costumbre y los otros miembros del grupo tratarán de adivinar de qué país o cultura procede. Cotejen lo que adivinen consultando libros de referencia disponibles en el salón de clase.

Lee activamente

Decide cuál es el propósito de leer

Leer un ensayo con mucha información nueva es como intentar entender una lengua extranjera. Sin embargo, puedes evitar la confusión si decides de antemano qué es lo que te propones al hacer esa lectura. Por ejemplo, podrías contestar algunas preguntas generales sobre el tema. Al fijarte un **propósito**, asumes el control de tu aprendizaje.

Decide cuál es tu **propósito** al leer *Juguetes con la garantía del tiempo* y prepara una gráfica como la siguiente. Antes de comenzar a leer, completa las secciones de *Lo que sé* y *Lo que quisiera saber*. La información que escribas en ambas columnas te ayudará a tener un enfoque de la lectura. Cuando termines, escribe lo que has aprendido en la tercera columna.

Evaluación	Pregunta	Respuesta
Lo que sé	Lo que quisiera saber	Lo que aprendí

Juguetes con la garantía del tiempo

Mónica Ching Hernández

A primera vista los juguetes mexicanos despiertan curiosidad. ¿Qué hacen, cómo funcionan? Muchas veces su apariencia no hace obvio el juego como los rifles, las muñecas o un trencito.

Enigmáticos y sorpresivos como muchas tradiciones mexicanas, algunos de estos juguetes se accionan a través de mecanismos rústicos, que con solo mover un palito o una tira de paja hacen que un pajarito coma de su plato de alpiste, que un par de boxeadores inicien una pelea, o hasta se puede atrapar un novio, con el *pezca novios*, que consiste en un cono tejido de palma que sujeta el dedo de quien lo introduce en él, sin poderse soltar.

Madera, hojalata pintada, guajes, paja, mimbre, palma, cáscaras de nueces. Todos los materiales que se encuentran en el campo sirven para la elaboración de los juguetes mexicanos, ricos en variedad según la región, y muchas veces acompañados de cantos, letanías o adivinanzas para cada juego.

Fuente de inspiración

Las múltiples influencias por las que ha atravesado la cultura mexicana se reflejan tanto en sus juegos como en sus juguetes.

Los ritos y dioses de las antiguas culturas tenían una estrecha relación con sus juegos. El más conocido es el *ullamaliztli* o juego de pelota, en el que los participantes jugaban individualmente o en equipos, pasando la pelota de un extremo a otro de la cancha, impulsándola con la cadera y marcando tantos y as. Pero los códices de esta época no mencionan la existencia de juguetes para niños. Los juegos en la época prehispánica eran en su mayoría de tipo ritual. Con ello se pretendía propiciar que las acciones siguieran su curso cíclico, que la naturaleza renaciera, que el sol saliera y se ocultara; esto es, su finalidad era evitar la extinción del orden y de la humanidad.

La colonia trajo consigo muchas tradiciones, sobre todo religiosas, que hoy en día continúan celebrándose en todo México. Algunas de estas festividades se simbolizan con un juguete, como la tradicional mulita del jueves de Corpus Cristi hecha de hojas de maíz, barro, tule[1] o vidrio soplado de diferentes tamaños, cargada huacales[2] de frutas y flores. Representa a los indígenas que transportaban lo mejor de sus cosechas a la catedral en ese día.

Las calaveras, *tumbas* y *ángeles* del Día de muertos: dulces hechos de azúcar, que en las manos de los niños se convierten en

---

1. tule: (Méx) Nombre de diversas plantas herbáceas, de tallos largos y erectos, que crecen a la orilla de rios y lagos

2. huacales: (Méx) Cajas hechas con varas o tablas delgadas, usadas principalmente para transportar frutas y verduras.

Palabras básicas

adivinanzas: acertijos, especies de enigmas para entretenerse en acertarlos
calaveras: cráneos; cabezas de muertos

juguetes para después comérselos. Para las posadas de Navidad hay farolitos de papel, silbatos, luces de bengala, velitas y sobre todo piñatas. Las tradicionales son en forma de estrellas, aunque actualmente se han ido transformando por personajes como los Simpson o los picapiedra, según la moda. De esta misma época del año son los nacimientos.

A través de los juegos y juguetes el niño reproduce su vida cotidiana. La comidita, la visita al doctor, los cochecitos, los soldaditos, entre otros, se han convertido en una tradición. Estos juguetes, a pesar de ser hechos a mano, siguen siendo muy baratos México.

El niño rural carece de juguetes sofisticados, pero tiene en cambio la costumbre de jugar en el campo y hacer de éste la fuente de inspiración de sus juegos, y los elementos naturales y objetos en desuso sus juguetes. Así una llanta vieja le sirve para correr mientras la impulsa con un palo,

las latas de refrescos le sirven para hacer un teléfono con sólo unirlas a través de un cordón, un árbol con una cuerda atravesada es su columpio o un tronco de árbol torcido su "sube y baja".

Miniaturas

Los trabajos en miniatura quedan grandes en la yema del dedo meñique. En diferentes regiones del país, los artesanos adquieren ese oficio por herencia. El nieto repite, pero también transforma el arte de hacer miniaturas. En Tlaquepaque, Jalisco, por ejemplo, existe una gran tradición por representar la vida cotidiana en miniatura.

A través de figuritas hechas de alambre cubierto de arcilla y pintadas, se reproducen las escenas del pueblo: la iglesia, el kiosco, las mujeres con sus rebozos sentadas en las diminutas banquitas, los niños y los papás vestidos de charro paseando por la plaza y hasta el cuetero[3] perseguido por los niños. Escenas de un domingo de pelea de gallos o de charrerías son reproducidas a mano meticulosamente.

De San Luis Potosí son originarios los retablos, pequeños cajones decorados con miniaturas sobre temas generalmente religiosos, pero también sobre la vida en tiempos de revolución, como las réplicas de cocinas de las haciendas con sus paredes

---

3. cuetero: (Méx.) el vendedor de cohetes y fuegos artificiales.

Palabras básicas

posadas de Navidad: (Méx) nueve fiestas que se celebran antes de la Navidad
piñatas: (Méx) ollas llenas de dulces que, en los bailes de máscaras, suelen colgarse del techo para que procuren los concurrentes, con los ojos vendados, romperlas con un palo
rebozos: mantos; prendas que usan las mujeres para cubrirse la cabeza
charro: (Méx) jinete que usa un traje especial y lleva un sombrero muy pintoresco

tapizadas de cazuelitas , la estufa hecha de azulejos de Talavera, al igual que la vajilla pintada de flores, y hasta el metate[4] en tamaño minúsculo. También están las sátiras a la muerte, con el esqueleto clavando un puñal a un individuo, mientras éste se ríe.

En Pátzcuaro, Michoacán, existe una legendaria tradición por la creación de máscaras. Los antiguos guerreros las hacían representando las figuras que más les atemorizaban o que les eran desconocidas como las cabezas de jaguar, serpientes, demonios, monstruos de dos cabezas o grotescas caras con varios ojos y lenguas de fuera. De esta forma, al portarlas pretendían transmitir a sus contrincantes el mismo miedo que a ellos les producían y a la vez podían adoptar los instintos que éstos poseían.

Actualmente los jóvenes artesanos han convertido estas terroríficas caras en obras de arte, finamente talladas y maquilladas con esmaltes. Han logrado estilizar las míticas máscaras de *el baile de los viejitos*[5], *las dualidades*[6], *el catrín*[7], *el demonio*, *el jaguar*, *la serpiente* y otras figuras que más que juguetes son piezas para coleccionistas.

_____
4. metate: (Méx) piedra plana para moler el maíz

5. baile de los viejitos: (Méx) baile típico de Michoacán donde un grupo de hombres se disfrazan y bailan como viejitos

6. dualidades: máscaras con dos caras

7. catrín: muchacho que se las hecha de hombre

El juguete naif

El arte naif se descubre no sólo en la pintura indígena, sino también en los juguetes populares: el reflejo de la inocencia y la sencillez, de los colores brillantes y contrastantes, de lo original y lúdico. Muestras de esta expresión lo son las figuritas de animalitos, como el armadillo pintado en tonos fuertes y rayas negras con la cabeza detenida por un resorte para hacerla graciosamente móvil; las lanchitas de hojalata, pintadas en colores metálicos y con una velita dentro, que en las ferias sirven de juego colocadas dentro de una tina llena de agua, o la pequeña cajita que al abrirla sale la cabeza de una serpiente de madera a punto de morder.

Palabras básicas

cazuelitas: pequeñas vasijas que sirven para guisar.
azulejos: ladrillos vidriados pequeños de varios colores
lúdico: relativo al juego
hojalata: hoja de lata

Juguetes que se asemejan a las versiones originales, son los instrumentos musicales. En México existe una fuerte tradición por la música y por eso es que los pequeños violines, tambores, guitarras, flautas, jaranas[8], matracas u otros instrumentos que sirven de juguetes a los niños, producen sonidos de tal calidad y popularidad, que los verdaderos músicos regionales llegan a utilizarlos en presentaciones o grabaciones, para proponer un tono diferente.

Muchos de los juguetes que tienen su origen en el sincretismo de lo indígena y lo español en tiempos de la Nueva España tienen nombres extraños e intraducibles, como rehilete[9], balero, timbiriche[10], matraca, trompo o pirinola.

Y como el trenecito, el juguete en México ha atravesado por muchos caminos, desde la revolución industrial hasta la era electrónica. Pero el juguete tradicional, sigue inalterable a estas influencias y sólo las ve pasar. Quizá la suerte que corra en el futuro sea como sucedió en Japón y Alemania, por ejemplo, en donde los juguetes populares hechos a mano tienen un precio por arriba del elaborado industrialmente y en serie.

---

8. jaranas: (Méx) danza típica de Yucatán

9. rehilete: (Méx) volante de corcho con plumas que se lanza con una raqueta

10. timbiriche: (Méx) juego de mesa sobre un papel en el que se han dispuesto varias hileras de puntos, los jugadores, por turno, trazan líneas uniendo dichos puntos tratando de formar recuadros en los que luego escriben sus nombres. Gana el que más recuadros o "casas" logra trazar.

Palabras básicas

matracas: instrumentos de percusión de madera que producen un sonido seco y desapacible
Nueva España: nombre que se dio a México durante la época de la dominación española
balero: juguete compuesto de un palo terminado en punta y una bola taladrada sujeta con un cordón, que se lanza al cure para ensartarla en el palo
trompo o pirinola: juguete de madera en forma de cono que se hace girar sobre su punta, lanzándolo con una cuerda

Letanías, cantos y adivinanzas

Para bailar me pongo la capa,
para bailar me la vuelvo a quitar,
pues no puedo bailar con capa
y sin capa no puedo bailar.
¡El trompo!

Sin camisa y moño
pantalón y saco
están amarrados
el gordo y el flaco
¡El balero!

Soldadito de hojalata
no hagas guerra
no des lata.
Que las campañas son caras
Y la paz sale barata.
Por favor conviértete en charro
y vete a dar serenata.
No quiero oro
No quiero plata,
que lo que quiero
es romper la piñata.

De día la descubro
de noche la tapo,
de cartón a veces
a veces de trapo.

Responde

¿Qué juguetes en particular recuerdas de tu niñez?

Mónica Ching Hernández siente un afecto particular por los juguetes tradicionales mexicanos. En este artículo comparte con sus lectores su interés y su conocimiento sobre el tema.

Actividades
Descubre el sentido

Analiza la lectura

Recuerda

1. ¿Qué tradiciones mexicanas son producto de la influencia cultural de España?
2. Menciona un producto tradicional de Pátzcuaro, Michoacán.

Interpreta

3. ¿Por qué crees que los nombres de ciertos juguetes tradicionales de México no se traducen fácilmente al inglés?
4. Explica el por qué del título de *Juguetes con la garantía del tiempo*.

Avanza más

5. ¿Crees que los juguetes tradicionales todavía existirán en el año 2500? ¿Por qué sí o por qué no?

Para leer mejor

Para comprender un ensayo expositivo

Probablemente anotaste muchos datos en la tercera columna de tu gráfica. Eso es porque leíste un **ensayo expositivo**, una lectura corta que te informa y te da explicaciones acerca de algo. Posiblemente, *Juguetes con la garantía del tiempo* te enseñó algo nuevo con sus explicaciones. Por ejemplo, aprendiste que no hay pruebas de la existencia de juguetes en la época prehispana, y que los juegos tenían propósitos ceremoniales.

1. Da tres ejemplos de cómo el autor presenta y explica los datos en *Juguetes con la garantía del tiempo*.
2. Discute por qué las explicaciones que te da un ensayo expositivo son útiles.

Ideas para escribir

El ensayo sobre los juguetes tradicionales mexicanos podría inspirarte para escribir de otra manera sobre ese tema.

Fábula Escribe una fábula — un cuento breve que enseña una lección o tiene una moraleja — que explique la evolución de uno de los juguetes. En la mayoría de las fábulas los personajes son animales. Quizás quieras crear personajes que son animales.

Editorial Escribe un editorial para un periódico de la escuela o de la comunidad en el cual dices que los ministerios de turismo no deben inventar explicaciones sobre los juguetes tradicionales u otros objetos que todavía se usan. Da varias razones que respalden tu opinión.

Ideas para proyectos

Exposición de juguetes Investiga los orígenes de algunos de los juguetes u otros artefactos que todavía se usan en el área o en el estado en que vives. Dibuja un mapa con leyenda en la cual se identifican las áreas dónde se originaron los objetos. Busca tantos como puedas para exponerlos en el salón de clase o en la escuela.

¿Estoy progresando? Contesta las preguntas siguientes:

Después de usar mi gráfico EPR, ¿cómo pude organizar mejor la información de Juguetes con la garantía del tiempo?

¿Qué aprendí sobre el propósito de un ensayo expositivo?

Tapiz norteamericano

Los proyectos...............

Las lecturas de esta unidad te han ayudado a contestar preguntas como éstas: ¿Qué historias contamos? ¿Cuál es mi tradición cultural? y ¿Cómo festejamos nuestra diversidad? Ahora te toca a ti hacer tu propio proyecto que te ayudará a contar historias de tu tradición cultural y festejar la diversidad de tu país.

 Exhibición de tradiciones culturales Prepara una exhibición de tus tradiciones culturales. Averigua el país o los países de procedencia de tus ancestros. Busca datos sobre la geografía y el clima del país o países. Haz un mapa con información sobre la capital, las ciudades principales, la(s) lengua(s), el gobierno, el área en millas cuadradas, los recursos naturales, las industrias y las costumbres. Preséntala ante la clase.

 Línea cronológica Prepara una línea cronológica que muestre la cultura en la historia estadounidense. Incluye sucesos significativos en la exploración y colonización del país y menciona lo que aportaron los distintos grupos étnicos. Incluye breves explicaciones de los sucesos claves, fotos, dibujos y mapas.

 Feria internacional Planea una feria internacional para festejar la diversidad cultural de tu comunidad. Con unos compañeros, busca información sobre los países de origen de la gente que vive en tu comunidad. Aprende bailes o canciones para presentarlos. Averigua cuáles son los días feriados, las costumbres y las vestimentas que se usan en los diferentes países. Si puedes, busca ropa, decoraciones y otros objetos que forman parte de las tradiciones de cada cultura.

¡Adelante!
Libros de interés

Pocho
de José Antonio Villarreal

Pocho ha sido considerada como la novela que sirve de piedra angular a la literatura chicana. Varios de los temas planteados en *Pocho*, como la inmigración, el intercambio cultural, el choque con la modernización y la identidad cultural, son problemas que en la actualidad se debaten en todo el mundo.

El profeta
de Gibrán Jalil Gibrán

Gibrán se dirige a todos aquéllos que buscan la sabiduría. Sus detalles poéticos suavizan la franqueza que la verdad exige de todos los que, como él, hablan del amor a la humanidad, y se dan cuenta de que la existencia plantea las mismas preguntas para todos.

La familia de Pascual Duarte
de Camilo José Cela

La familia de Pascual Duarte es una auténtica revelación por la audacia y originalidad del tema y por el carácter desgarrado del ser humano reflejado en sus páginas. Nos presenta la cultura campesina española.

Justicia para todos

America II Diana Ong/Super Stock

¡Entérate!

Mira el cuadro con las personas alrededor de la bandera de los Estados Unidos. ¿Qué te sugiere este cuadro sobre la promesa de "libertad y justicia para todos"? Mientras contestas esta pregunta, reflexiona también sobre éstas: ¿Qué es la justicia? ¿Cómo podemos luchar contra la injusticia? y ¿Qué podemos hacer para que todos disfruten de la justicia?

Mientras vas leyendo las selecciones de este capítulo, utiliza tu diario para apuntar las respuestas a estas preguntas y a otras que se te ocurran.

Actividades
En grupo Escriban una lista de los derechos que se gozan en este país. Escojan dos o tres que el grupo considere los más importantes. Formen dos equipos, y den su opinión sobre cuál es el derecho más importante de todos. Presenten un informe sobre los resultados del debate a otros grupos de la clase.

Actividades
Por tu cuenta Imagínate que estás dentro del cuadro que aparece en esta página. ¿Qué estarías haciendo? ¿Cómo te sentirías? Describe la escena desde tu punto de vista.

Menú de proyectos . . . .

Piensa en los siguientes proyectos y escoge uno que te interese. Hay más detalles en la página 84.

• **Presentación sobre la paz**   • **Tribuna improvisada**   • **Cuentos tradicionales**

Presentación

Cajas de cartón de Francisco Jiménez
El otro lado de Sylvia S. Lizárraga
La gallinita de Gloria Fuertes

¿Cómo deberían de ser tratados los trabajadores?

Aplica lo que sabes

Imagínate qué pasaría si tuvieras que cambiar de casa frecuentemente. Tendrías que dejar tus amistades. Si alguien te estuviera ayudando en la escuela, tendrías que dejar de ver a esa persona. Si alguien te estuviera enseñando a tocar la guitarra, tendrías que interrumpir tus lecciones de música, al menos temporalmente.

Con un grupo, haz una o ambas de las siguientes actividades, las cuales te ayudarán a reflexionar sobre la experiencia de tener que mudarte constantemente.

- Haz una lista de todo lo que cambia cuando uno se muda. Incluye a personas, lugares y objetos, desde tus amistades hasta las tiendas por las que pasas todos los días.
- Dramatiza una escena en la cual dos amigos se despiden porque uno se debe mudar.

Lee activamente

Cómo identificar los detalles culturales en la literatura

Algunos jóvenes, como el muchacho en *Cajas de cartón*, pertenecen a un grupo de personas que se traslada constantemente de un lugar a otro. Cuando leas sobre éste u otro grupo en particular, te será útil identificar los **detalles culturales** que muestren el estilo de vida de esas personas. Por ejemplo, a lo mejor puedes encontrar información sobre las creencias y las costumbres relacionadas con el trabajo, la educación y la vida doméstica. Al conocer estos detalles, podrás entender mejor a los personajes de la obra literaria.

Las selecciones que leerás contienen muchas referencias culturales. *Cajas de cartón* es sobre una familia de trabajadores inmigrantes que viaja por el oeste de los Estados Unidos levantando cosechas y *El otro lado* trata de una experiencia similar. Mientras vas leyendo, usa un gráfico como el siguiente para hacer apuntes sobre los estilos de vida de los personajes.

Actitudes hacia:	Cajas de cartón	El otro lado	La gallinita
el trabajo			
la educación			
la vida doméstica			

cajas de cartón

Francisco Jiménez

Primera parte

Era a fines de agosto. Ito, el contratista, ya no sonreía. Era natural. La cosecha de fresas terminaba, y los trabajadores, casi todos braceros, no recogían tantas cajas de fresas como en los meses de junio y julio.

Cada día el número de braceros disminuía. El domingo sólo uno—el mejor pizcador— vino a trabajar. A mí me caía bien. A veces hablábamos durante nuestra media hora de almuerzo. Así es como aprendí que era de Jalisco, de mi tierra natal.

Palabras básicas

braceros: trabajadores agrícolas temporales
pizcador: recogedor de una cosecha

Ese domingo fue la última vez que lo vi.

Cuando el sol se escondía detrás de las montañas, Ito nos señaló que era hora de ir a casa. "Ya es horra", gritó en su español mocho. Ésas eran las palabras que yo ansiosamente esperaba doce horas al día, todos los días, siete días a la semana, semana tras semana, y el pensar que no las volvería a oír me entristeció.

Por el camino rumbo a casa, Papá no dijo una palabra. Con las dos manos en el volante miraba fijamente hacia el camino. Roberto, mi hermano mayor, también estaba callado. Echó para atrás la cabeza y cerró los ojos. El polvo que entraba de fuera lo hacía toser repetidamente.

Era a fines de agosto. Al abrir la puerta de nuestra chocita, me detuve. Vi que todo lo que nos pertenecía estaba empacado en cajas de cartón. De repente sentí aún más el peso de las horas, los días, las semanas, los meses de trabajo. Me senté sobre una caja, y se me llenaron los ojos de lágrimas al pensar que teníamos que mudarnos a Fresno.

Esa noche no pude dormir, y un poco antes de las cinco de la madrugada Papá, que a la cuenta tampoco había pegado los ojos en toda la noche, nos levantó. A los pocos minutos los gritos alegres de mis hermanitos, para quienes la mudanza era una gran aventura, rompieron el silencio del amanecer. Los ladridos de los perros pronto los acompañaron.

Mientras empacábamos los trastes del desayuno, Papá salió para encender la "Carcanchita". Ése era el nombre que Papá le puso a su viejo Plymouth negro del año '38. Lo compró en una agencia de carros usados en Santa Rosa en el invierno de 1949. Papá estaba muy orgulloso de su carro. "Mi carcanchita" lo llamaba cariñosamente. Tenía derecho a sentirse así. Antes de comprarlo, pasó mucho tiempo mirando otros carros. Cuando al fin escogió la "Carcanchita", la examinó palmo a palmo. Escuchó el motor, inclinando la cabeza de lado a lado como un perico, tratando de detectar cualquier ruido que pudiera indicar problemas mecánicos. Después de satisfacerse con la apariencia y

los sonidos del carro, Papá insistió en saber quién había sido el dueño. Nunca lo supo, pero compró el carro de todas maneras. Papá pensó que el dueño debía haber sido alguien importante porque en el asiento de atrás encontró una corbata azul.

Papá estacionó el carro enfrente a la choza y dejó andando el motor. "Listo", gritó. Sin decir palabra, Roberto y yo comenzamos a acarrear las cajas de cartón al carro. Roberto cargó las dos más grandes, y yo las más chicas. Papá luego cargó el colchón ancho sobre la capota[1] del carro y lo amarró con lazos para que no se volara con el viento en el camino.

Todo estaba empacado menos la olla de Mamá. Era una olla vieja y galvanizada que había comprado en una tienda de segunda en Santa María el año que yo nací. La olla estaba llena de abolladuras y mellas, y

---

1. **capota:** techo del carro

mientras más abollada estaba, más le gustaba a Mamá. "Mi olla" la llamaba orgullosamente.

Sujeté abierta la puerta de la chocita mientras Mamá sacó cuidadosamente su olla, agarrándola por las dos asas para no derramar los frijoles cocidos. Cuando llegó al carro, Papá tendió las manos para ayudarle con ella. Roberto abrió la puerta posterior del carro y Papá puso la olla con mucho cuidado en el piso detrás del asiento. Todos subimos a la "Carcanchita". Papá suspiró, se limpió el sudor de la frente con las mangas de la camisa, y dijo con cansancio: "Es todo".

Mientras nos alejábamos, se me hizo un nudo en la garganta. Me volví y miré nuestra chocita por última vez.

Al ponerse el sol llegamos a un campo de trabajo cerca de Fresno. Ya que Papá no hablaba inglés, Mamá le preguntó al capataz si necesitaba más trabajadores. "No necesitamos a nadie", dijo él, rascándose la cabeza. "Pregúntele a Sullivan. Mire, siga este mismo camino hasta que llegue a una casa grande y blanca con una cerca alrededor. Allí vive él".

Cuando llegamos allí, Mamá se dirigió a la casa. Pasó por la cerca, por entre filas de rosales hasta llegar a la puerta. Tocó el timbre. Las luces del portal se encendieron y un hombre alto y fornido salió. Hablaron brevemente. Cuando el hombre entró en la casa, Mamá se apresuró hacia el carro. "¡Tenemos trabajo! El señor nos permitió quedarnos allí toda la temporada", dijo un poco sofocada de gusto y apuntando hacia un garaje viejo que estaba cerca de los establos.

El garaje estaba gastado por los años. Roídas de comejenes, las paredes apenas sostenían el techo agujereado. No tenía ventanas y el piso de tierra suelta ensabanaba todo de polvo.

Esa noche, a la luz de una lámpara de petróleo, desempacamos las cosas y empezamos a preparar la habitación para vivir. Roberto enérgicamente se puso a barrer el suelo, Papá llenó los agujeros de las paredes con periódicos viejos y con hojas de lata. Mamá les dio de comer a mis hermanitos. Papá y Roberto entonces trajeron el colchón y lo pusieron en una de las esquinas del garaje. "Viejita," dijo Papá, dirigiéndose a Mamá, "tú y los niños duerman en el colchón. Roberto, Panchito y yo dormiremos bajo los árboles."

Muy tempranito por la mañana al día siguiente, el señor Sullivan nos enseñó dónde estaba su cosecha y, después del desayuno, Papá, Roberto y yo nos fuimos a la viña a pizcar.

A eso de las nueve, la temperatura había subido hasta cerca de cien grados. Yo estaba empapado de sudor y mi boca estaba tan seca que parecía como si hubiera estado masticando un pañuelo. Fui al final del surco, cogí la jarra de agua que habíamos llevado y comencé a beber. "No tomes mucho; te vas a enfermar," me gritó Roberto. No había acabado de advertirme cuando sentí un gran dolor de estómago. Me caí de rodillas y la jarra se me deslizó de las manos.

Palabras básicas

fornido: corpulento y robusto
sofocada: agitada
ensabanaba: cubría como una sábana

Solamente podía oír el zumbido de los insectos. Poco a poco me empecé a recuperar. Me eché agua en la cara y el cuello y miré el lodo negro correr por los brazos y caer a la tierra que parecía hervir.

Todavía me sentía mareado a la hora del almuerzo. Eran las dos de la tarde y nos sentamos bajo un árbol grande de nueces que estaba al lado del camino. Papá apuntó el número de cajas que habíamos pizcado. Roberto trazaba diseños en la tierra con un palito. De pronto vi palidecer a Papá que miraba hacia el camino. "Allá viene el camión de la escuela", susurró alarmado. Instintivamente, Roberto y yo corrimos a escondernos entre las viñas. El camión amarillo se paró frente a la casa del señor Sullivan. Dos niños muy limpiecitos y bien vestidos se apearon. Llevaban libros bajo sus brazos. Cruzaron la calle y el camión se alejó. Roberto y yo salimos de nuestro escondite y regresamos a donde estaba Papá. "Tienen que tener cuidado", nos advirtió.

Después del almuerzo volvimos a trabajar. El calor oliente y pesado, el zumbido de los insectos, el sudor y el polvo hicieron que la tarde pareciera una eternidad. Al fin las montañas que rodeaban el valle se tragaron el sol. Una hora después estaba demasiado obscuro para seguir trabajando. Las parras tapaban las uvas y era muy difícil ver los racimos. "Vámonos", dijo Papá señalándonos que era hora de irnos. Entonces tomó un lápiz y comenzó a figurar cuánto habíamos ganado ese primer día.

Apuntó números, borró algunos, escribió más. Alzó la cabeza sin decir nada. Sus tristes ojos sumidos estaban humedecidos.

Cuando regresamos del trabajo, nos bañamos afuera con el agua fría bajo una manguera. Luego nos sentamos a la mesa hecha de cajones de madera y comimos con hambre la sopa de fideos, las papas y tortillas de harina blanca recién hechas. Después de cenar nos acostamos a dormir, listos para empezar a trabajar a la salida del sol.

Al día siguiente, cuando me desperté, me sentía magullado, me dolía todo el cuerpo. Apenas podía mover los brazos y las piernas. Todas las mañanas cuando me levantaba me pasaba lo mismo hasta que mis músculos se acostumbraron a ese trabajo.

Era lunes, la primera semana de noviembre. La temporada de uvas se había terminado y yo ya podía ir a la escuela. Me desperté temprano esa mañana y me quedé acostado mirando las estrellas y saboreando el pensamiento de no ir a trabajar y de empezar el sexto grado por primera vez ese año. Como no podía dormir, decidí levantarme y desayunar con Papá y Roberto. Me senté cabizbajo frente a mi hermano. No quería mirarlo porque sabía que él estaba triste. Él no asistiría a la escuela hoy, ni mañana, ni la próxima semana. No iría hasta que se acabara la temporada de algodón, y eso sería en febrero. Me froté las manos y miré la piel seca y manchada de ácido enrollarse y caer al suelo.

Francisco Jiménez nació en el estado de Jalisco, México. Su familia emigró a los Estados Unidos donde Jiménez pasó su niñez. Sus cuentos tienen un tono melancólico y una actitud de rebeldía contra la injustica social. *Cajas de Cartón* fue publicado primero en inglés y recibió el premio "Arizona Quarterly Annual Award" en 1973.

Palabras básicas

oliente: que exhala olor
parras: viñas trepadoras
sumidos: hundidos
humedecidos: ligeramente mojados

Responde

¿Qué le aconsejarías al joven del cuento?

El otro lado

SYLVIA S. LIZÁRRAGA

El deseo,
Entrar, llegar, vivir.
La esperanza,
Arriesgarse, trabajar, aprender.
5 El viaje,
Peligros, sinsabores, temores.
El encuentro,
Desconocimientos, dificultades, barreras.
La realidad,
10 Miseria, discriminación, explotación.

Palabras básicas

arriesgarse: atreverse, tomar un riesgo
sinsabores: disgustos
discriminación: trato desigual hacia grupos
étnicos

 **Responde**

Expresa en dos o tres
oraciones lo que significa este
poema.

Sylvia S. Lizárraga nació en Mazatlán, México en el año 1925. Hizo sus estudios en la Universidad de California en San Diego, recibiendo un doctorado en literatura en el año 1979.

Como profesora en la Universidad de Berkeley, tuvo a su cargo la cátedra de Estudios Chicanos. Sus trabajos han sido publicados en varias revistas literarias. En su obra narrativa ella expresa con intensidad y a veces con ironía la condición de ser mujer e hispana.

La gallinita

Gloria Fuertes

La gallinita
en el gallinero
dice a su amiga:
"Ya viene enero."

5 Gallina rubia
llorará luego,
ahora canta:
"Aquí te espero."

Aquí te espero,
10 poniendo un huevo.
Me dio la tos
y puse dos.

Pensé en mi ama,
¡qué pobre es!,
15 me dio penita
¡y puse tres!

Como tardaste,
esperé un rato
poniendo huevos,
20 ¡y puse cuatro!

Mi ama me vende
a doña Luz.
¿Yo con arroz?
¡Qué ingratitud!

Palabras básicas

ingratitud: falta de reconocimiento de lo que otros hacen por uno

Responde

Si pudieras hablar con el ama de la gallinita ¿qué le dirías?

P: ¿De dónde es **Gloria Fuertes**?
R: Nació en Madrid, en España, en año 1913.
P: ¿Por qué nos atrae tanto su poesía?
R: Por su imaginación fértil que parece comunicarse directamente con la nuestra.

68   *Justicia para todos*

Descubre el sentido

Analiza la lectura

Recuerda

1. ¿Qué alegrías y desilusiones experimenta Panchito en *Cajas de cartón*?
2. ¿Qué espera encontrar la narradora de *El otro lado*?
3. En *La gallinita*, ¿qué le pasa a la gallinita al final?

Interpreta

4. En *Cajas de cartón*, ¿cuál es la actitud de Panchito hacia la escuela? ¿Cómo te das cuenta de eso?
5. ¿Por qué el cuento se titula *Cajas de cartón*? ¿Qué te sugiere ese título sobre el futuro de Panchito?
6. ¿En qué se parecen *El otro lado* y *Cajas de cartón*?
7. ¿Cuál es el tema de *La gallinita*?

Avanza más

8. En tu opinión, ¿qué derechos deberían tener los inmigrantes que son trabajadores migratorios? Explica.

Para leer mejor

Cómo analizar los efectos del ambiente sobre los personajes

Las características culturales que has estado apuntando forman parte del **ambiente** del cuento o del poema. El **ambiente** incluye no solamente el lugar donde se desarrolla la acción, sino también las características culturales o el estilo de vida de los personajes. En *Cajas de cartón*, el hecho de que Panchito y su familia emigren de un lugar a otro buscando trabajo en las cosechas establece un estilo de vida. Esta inestabilidad continua afecta profundamente a Panchito. Al principio del cuento, el sólo pensar en emigrar otra vez le "llena los ojos de lágrimas".

1. ¿Qué es, para Panchito, lo más difícil de sobrellevar del estilo de vida de su familia? ¿Por qué?
2. ¿En qué se diferencia la actitud de Panchito de la de los demás miembros de su familia hacia ese estilo de vida? ¿A qué se deben las diferencias?

Ideas para escribir

Estas lecturas plantean cuestiones importantes sobre el ideal de la justicia para todos por igual.

Carta Con lo aprendido en estas selecciones y con más información que puedas encontrar, escribe una carta a tu representante en el Congreso sobre los trabajadores inmigrantes. Sugiere ideas para la elaboración de leyes que podrían mejorar su calidad de vida.

Plan Diseña un programa de acción para tu escuela en el que se garantice que todos los estudiantes nuevos serán tratados justamente. Considera prestar ayuda a los que son inmigrantes con el inglés y las materias académicas, como también información sobre las actividades y reglamentos de la escuela y el apoyo necesario para poder hacer nuevas amistades.

Ideas para proyectos

Trabajadores inmigrantes Investiga la vida de los trabajadores inmigrantes en tu región o en otro punto geográfico. Enfoca temas como la educación, la vivienda y los tipos de trabajo. Ilustra tu informe con dibujos o fotos y haz una presentación ante la clase.

Gráfica de los cambios de escuela Investiga a cuántas escuelas han asistido tus compañeros de clase. Pídele a tu maestro de matemáticas que te ayude a dibujar un gráfico para representar los resultados de tu investigación.

¿Estoy progresando?

Responde a estas preguntas en tu diario:

¿Qué aprendí sobre la búsqueda de características culturales y cómo puedo usar esta información al abordar otros tipos de literatura?

¿Qué trabajo escrito me gustaría incluir en mi portafolio?

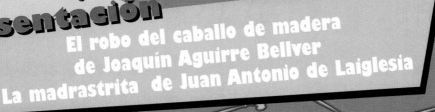

El robo del caballo de madera
de Joaquín Aguirre Bellver
La madrastrita de Juan Antonio de Laiglesia

¿Qué nos enseñan los cuentos que tratan sobre la injusticia?

Aplica lo que sabes

Piensa en la injusticia que a veces resulta como consecuencia de la búsqueda de la paz y la justicia. ¿Cómo te sentirías si un familiar o un amigo tuyo fuera víctima de una injusticia? Haz una o ambas de las actividades siguientes:

- Con un grupo, discute las consecuencias de llevar a cabo una acción drástica para cambiar una situación dada, como una huelga. Considera tanto los resultados positivos como los negativos.
- Representa una escena en la cual una persona desea fervientemente ayudar a un amigo que está sufriendo por encontrarse en una situación que no puede cambiar. ¿Qué podrías hacer o decir para ayudarlo?

Lee activamente

Cómo identificar el origen de la injusticia en las obras literarias

Los desacuerdos y diferencias de opinión entre los personajes de los cuentos que has leído, son frecuentemente indicaciones de que hay injusticia. Al identificar la causa de los desacuerdos y diferencias de opinión, podrás entender mejor de qué se trata la historia. También podrás identificar la injusticia y decidir si se resuelve de una manera justa.

Al leer *El robo del caballo de madera* busca pistas o indicios en el diálogo que te lleven al origen de los desacuerdos. Utilizando la siguiente tabla haz una lista de los desacuerdos e identifica la injusticia.

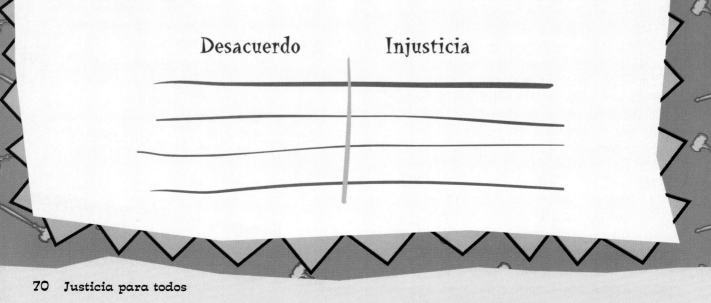

Desacuerdo	Injusticia

El robo del caballo de madera

Joaquín Aguirre Bellver

El juez agitó enérgicamente la campanilla, y cuando se hizo el silencio en la sala, habló con voz profunda y solemne. Siempre que el juez hablaba con voz profunda y solemne se ponían en pie las puntas del bigote del señor Manuel, el ujier.[1] Habló el juez y dijo así:

—Yo soy el juez de Navalacorneja. Mi fama se extiende por toda Navalacorneja y su comarca, y los buenos me quieren y me temen los malos. Ahora tiene la palabra el señor Pascual.

—Yo soy el señor Pascual, el más rico hacendado del contorno, y... ¡me han robado, señor juez! Me han robado un caballito de madera que era una preciosidad. No hay en el mundo otro como él. Me lo robaron por la noche, cuando llovía y tronaba tanto que no oí al ladrón, que entró por la balconada después de escalar el muro. ¡Me han robado, señor juez, y yo pido un castigo terrible para el culpable!

—Tiene la palabra la señora Ramona. Usted, señora Ramona, vendió el caballito de madera al señor Pascual. ¿Es eso cierto?

—Yo soy la señora Ramona, que hago las gachas[2] mejor que nadie de la comarca. Sí, señor juez, yo vendí el caballito de madera, que lo había construido mi marido, el señor Niceto. Lo vendí por cincuenta reales.

En la sala se oyó entonces el gemido del señor Niceto, que se lamentaba:

—Cincuenta reales, Dios mío; cincuenta reales... ¡Y era el más bonito caballo de madera del mundo!

---

1. **ujier:** portero u ordenanza de un palacio o un tribunal
2. **gachas:** comida hecha con harina cocida con agua y condimentada

Pero el juez clamó, con su voz profunda y solemne:

—¡Silencio!

Y la campanilla dijo lo mismo, pero con su voz alegre y cantarina:

—¡Silencio!

El señor Manuel, el ujier, se bajó las puntas del bigote y también gritó:

—¡Silencio!

—Y no me pesa haberlo vendido, señor juez. Estaba ya harta del dichoso caballito de madera. Porque ha de saber usted que mi marido se pasaba los días enteros trabajando

—¡Silencio!

—¡Silencio!

El juez estaba en pie. Iba a hablar, y Manuel, el ujier, sujetó las guías de su bigote.

—Levántese el acusado.

Sollozando, obedeció el señor Niceto.

—¿Es cierto que usted robó al señor Pascual el caballo de madera?

—Yo soy el señor Niceto, que hago los caballitos de madera más bonitos del mundo. No robé el caballito, señor juez. No lo robé porque no sabía quién lo tenía. Sólo estaba enterado de que desapareció de mi taller. Y lo busqué por todas partes, pero no apareció. Hasta que un día la señora Ramona, mi mujer, por hacerme rabiar, me dijo que lo había vendido para comprar aceite y harina y hacer gachas.

Gimoteó el señor Niceto y luego siguió hablando así:

en ese caballito y sin construir un armario, ni un solo armario. Y los armarios son cosas importantes, cosas decentes, mientras que los caballitos de madera son tonterías. Por cincuenta reales lo di, y lo hubiese regalado.

—¡Cincuenta reales, cincuenta reales! ¡Y era el más bonito caballo de madera del mundo! —gimió el señor Niceto.

—¡Silencio!

—¡Silencio!

—¡Silencio!

—¡Me han robado, señor juez; me han robado el más bonito caballo de madera del mundo!

—¡Silencio!

—Yo estaba harto ya de hacer armarios. Todos los armarios de su casa, señor juez, y los de todas las casas del pueblo, los he hecho yo en mi carpintería. Son armarios serios, oscuros, con una gran luna para que se miren las personas importantes. Y yo no quería hacer cosas importantes. Es decir, me parecía más importante fabricar otras cosas. Un día, Manolín, el aprendiz, que acababa de llegar a mi taller, me dijo que por qué no construía un caballo de madera. Y yo pensé que podía hacer el más bonito del mundo. Tendría las orejas y la cruz y la cola levantadas, como si estuviese corriendo. Y el niño que se sentase en él sentiría que galopaba muy de prisa. Pero cuando la señora Ramona, mi mujer, vio que la madera para un armario la empleaba en el caballito, comenzó a reñirme y yo tuve que trabajar a escondidas.

—¡Me han robado, señor juez; me han robado el caballito de madera más bonito del mundo!

—¡Silencio!

—¡Silencio!

—¡Silencio!

—¡Y tuvo que ser él, señor juez! ¿Quién pudo ser, si no, el ladrón del caballito?

—Yo no fui, señor juez. De verdad que no fui.

El señor juez estaba pensativo. No sabía qué decidir en aquel caso tan difícil. Y en vista de eso, aunque todos estaban callados, dijo con su voz profunda y solemne:

—¡Silencio!

Y la campanilla:

—¡Silencio!

Y el señor Manuel, el ujier, bajándose las puntas del bigote:

—¡Silencio!

El señor juez se puso en pie y comenzó a hablar:

—Yo soy el señor juez de Navalacorneja y su comarca. Los buenos me quieren y me temen los malos. Oída la declaración del señor Pascual y el señor Niceto, creemos que debemos condenar y condenamos…

—¡No, señor juez!

—¡Silencio!

—¡Silencio!

—¡Silencio!

—No, señor juez. Yo soy Manolín, el aprendiz de carpintero, y tengo que decir… que yo robé el caballito de madera.

—¿Cómo dice?

—Manolín tiene la palabra.

—Yo, señor juez, llevaba unos días en el taller del señor Niceto aprendiendo a hacer armarios. Muchas veces le oí decir: "Estoy harto de construir armarios y más armarios, pero ¡qué remedio! La señora Ramona, mi mujer, necesita que construya armarios para poder hacer gachas." A mí me daba mucha pena, porque haciendo armarios el señor Niceto se aburría; se aburría más cada vez. Y una tarde… una tarde vi a una niña que estaba muy triste. Le pregunté por qué estaba tan triste, y ella me dijo que porque quería un caballito de madera; pero en su casa sólo había armarios y armarios y armarios. Yo le conté la historia de las gachas de la señora Ramona. Y ella me dijo que si yo era aprendiz de carpintero, por qué no aprendía a hacer caballitos. Pedí al señor Niceto que me enseñase, y para enseñarme empezó él a construir uno. Era precioso, señor juez. El más bonito del mundo. Pero desapareció del taller. El señor Niceto lloró. Lloró todo un día. Y cuando se lo dije a la niña, lloró también. La señora Ramona nos dijo lo que había pasado y entonces yo…, yo robé de casa del señor Pascual el caballito de madera.

—¡Me han robado, señor juez, me han robado el más bonito caballo de madera del mundo! ¡Castigo para el culpable!

—¡Silencio!

—¡Silencio!

—¡Silencio!

Y dijo el señor juez:

—Yo, el juez de Navalacorneja y su comarca, te exijo, Manolín, que nos digas dónde está el caballito. En seguida irá al ujier a buscarlo y lo traerá aquí, a mi presencia.

—No puedo decirlo, señor juez.

—Te ordeno que lo digas. Si no, serás llevado a la cárcel.

—No puedo, no puedo.

—Está bien. ¡Encerradlo!

Cuando, lloroso, abatido, Manolín iba a ser sacado de la sala, una niña avanzó hasta el estrado y dijo:

—No se lo lleven. Yo tengo el caballito.

El señor juez se volvió hacia la niña, que tenía muchas lágrimas corriendo por la carita pálida, y lanzó una exclamación de sorpresa:

—¡Mi hija!

Y luego ordenó:

—Traigan de nuevo a Manolín.

La niña estaba ahora en el banco de los acusados, gimiendo bajito, y sin atreverse a levantar la vista.

—¿Conque tú, la hija del juez de Navalacorneja y su comarca, tienes el caballito de madera? Di dónde está y que lo traigan en seguida.

—Está en el cobertizo[3] de casa, escondido debajo de unos muebles viejos.

El ujier salió corriendo y poco después el caballito quedaba sobre la mesa del juez, ante la vista de la sala. Era tan maravilloso, parecía tan de verdad, que todos quedaron en silencio, llenos de admiración. Y luego se oyeron voces:

—¡Qué orejas tan altas!

—¡Y qué cola tan bonita!

—¡Parece que galopa!

—¡Cómo se vuela la crin!

El juez se levantó. Parecía que iba a dictar terrible sentencia, pero dijo:

—¡Desde luego, es el más bonito caballo de madera del mundo!

Porque él también tenía los ojos sólo para el juguete que estaba sobre la mesa. Y se quedó abstraído, mirándolo, viéndolo galopar, cortar el aire con su morro estirado. El señor Manuel, el ujier, dijo en voz baja a su oído:

—Señor juez, señor juez, que tiene usted que dictar sentencia.

—¡Ah, sí!

Y luego, con su voz profunda y solemne, que de nuevo pilló desprevenido al señor Manuel, y levantó las puntas de su bigote, dijo de esta manera.

—Yo soy el juez de Navalacorneja y su comarca. Los buenos me quieren y me temen los malos. Creo que debo condenar y condeno a la señora Ramona a devolver los cincuenta reales al señor Pascual… y al señor Niceto, a fabricar sólo caballitos de madera…, y a Manolín, a dedicarse a aprender cómo se fabrican…, y a mi hija… Bueno, yo, su padre, tendré que pagar muchos reales por el caballo de madera más bonito del mundo.

---

3. cobertizo: techo sobre pilastros, protege contra la lluvia.

Palabras básicas

morro: hocico abultado

Responde

¿Qué piensas de la decisión del juez?

P: ¿Cuándo empezó **Joaquín Aguirre Bellver** a escribir cuentos para niños?
R: Empezó a escribir para un periódico infantil durante los años cincuenta.
P: ¿Es muy conocido en España?
R: Sí. Ganó dos premios literarios por sus obras dirigidas a la niñez, el "Premio Lazarillo" en 1961 y el "Premio de la Comisión Católica de la Infancia" en 1962.

JUAN ANTONIO DE LAIGLESIA

La madrastrita

Había una vez un conde que vivía en un castillo, de esos tan imponentes que tienen los condes y que suelen estar en lo más alto de una montaña. Y el conde se llamaba Arnulfo y era más malo que un cuervo. No porque se llamara Arnulfo, claro, sino porque había nacido así de malo y de cuervo.

Tenía tres hijas guapísimas: Malvina, Pelagia y Ernesta. La una era rubia; la otra, morena, y la tercera, ni fu ni fa.

Como el conde se divertía con sus cacerías, haciendo rabiar a los animales del bosque, y sus hijas lo pasaban bien en casita, haciendo rabiar a sus azafatas,[1] la vida de aquella familia era una vida más o menos feliz. Pero una tarde, la condesa Augusta, que siempre estaba en sus habitaciones peinándose y pintándose las uñas, se sintió indispuesta, y cuando Arnulfo llegó al castillo se la encontró muerta en su cama.

El conde viudo no pensaba casarse otra vez, pero un día en el bosque tuvo sed, y

Herminia, la hija del leñador, le dio un vaso de agua, y el conde viudo se bebió el agua y se casó con Herminia, la hija del leñador.

—¡Madrastrita! ¡Madrastrita!... ¿Vienes a vivir aquí? —exclamaron las hijas del conde, burlándose de la recién casada.

—Sí, hijitas —respondió la joven madrastra—. Y pienso ser muy feliz.

Pero esto no eran más que ilusiones de Herminia. Sus hijastras se burlaban de ella, le echaban la zancadilla[2] cuando pasaba, le hacían la petaca en la cama,[3] le sacaban la lengua delante de la servidumbre, y al poco tiempo la desdichada madrastrita era el último mono en el castillo.

Fregaba los suelos, limpiaba los dorados, hacía el repaso..., y el conde se encogía de hombros. Con tal que le dejaran cazar tranquilo...

—Desengáñate, papá —decía Malvina—. Eso es lo que le gusta a Herminia.

----

1. azafatas: personas que servían a las damas de la nobleza

2. zancadilla: acción de derribar a una persona enganchándola con la pierna

3. petaca en la cama: broma que consiste en doblar la ropa de cama de tal manera que la persona no entra fácilmente en la cama

—Claro que le gusta —insistía Pelagia—. Es lo suyo. No ha nacido para condesa.

—¿Para condesa? —reía Ernesta—. Ni siquiera para interina. Plancha tan mal.

Un jabalí[4], harto de los flechazos del conde, le hizo frente un día y le quitó la vida de un terrible mordisco. Herminia fue la única que lloró en el castillo. Pero estaba tan guapa con su traje de luto, que sus tres hijastras la mandaron a llorar a la cocina.

Y la madrastrita volvió a fregar y a limpiar los dorados y a hacer el repaso, y

todas las noches en su cuartito de la buhardilla[5] del palacio se acordaba de su casita del bosque y de sus padres, que habían muerto.

Y una mañana llegó al castillo un príncipe muy famoso que recorría el mundo en busca de princesa. Y salieron a recibirle Malvina, la rubia; Pelagia, la morena, y Ernesta, la ni fu ni fa.

El príncipe se quedó maravillado ante tanta hermosura y no sabía cómo elegir. Por la noche, en la cena, los ojos del muchacho iban de las joyas de Malvina al traje de Pelagia, y del traje de Pelagia a la diadema de Ernesta, y de la diadema de Ernesta a las joyas de Malvina otra vez.

Y como no se decidía por ninguna y las tres hablaban a un tiempo, y le sonreían, y le pasaban fuentes y más fuentes, y le llenaban copas y más copas, el príncipe sudaba la gota gorda y se tiraba de la golilla para no asfixiarse. Entonces fue cuando se fijó en el asiento vacío: el asiento de Herminia, que ya tenía polvo y telarañas del tiempo que hacía que la madrastrita no comía en la mesa de los señores.

—¿Vive alguien más con vosotras en este castillo? —preguntó el príncipe. Las tres hermanas se miraron entre ellas y no contestaron, pero se pusieron encarnadísimas. Y como el príncipe insistió, dijo Malvina:

—Sí, vive también Herminia, nuestra madrastra. Pero nunca sale a las visitas. Como es tan fea, le da vergüenza.

—Decidle que venga —suplicó el

---

4. jabalí: cerdo salvaje oriundo de Europa
5. buhardilla: ático, desván

Palabras básicas

interina: asistencia, criada
golilla: cuello alto de la ropa de los nobles o las autoridades

príncipe—. Necesito la opinión de una persona mayor. Si no sale, saldré de aquí tan soltero como entré.

Las tres hermanas fueron corriendo en busca de la madrastrita, y todas le daban coba[6] para que votase por ellas.

—No apurarse, hijitas —dijo con voz dulce la desdichada Herminia—. Lo mejor será que lo echemos a suertes delante de él. ¿No os parece?

—Sí, sí; que la suerte decida —palmotearon ellas.

Y vistieron a Herminia con un traje antiguo y le metieron en la boca unos dientes de ajo para que parecieran dos terribles colmillos de bruja, y le pusieron una nariz postiza y unas mechas de algodón delante de las orejas, para que fuese el pelo blanco que salía de la capota.

—Pero ¿qué hacéis conmigo, chiquillas?

—El príncipe quiere el parecer de una persona mayor, y así pareces mayorcísima.

La madrastrita sabía que hacían eso por pura envidia, pero se aguantó, porque si no hubieran sido capaces de matarla a palos. Y entraron en el comedor. Pero cuando Herminia se sentó se le cayeron los dientes de ajo y la nariz postiza y las mechas de algodón. Y el príncipe se quedó maravillado de la belleza de la madrastrita. Y ya ni quiso echar a suertes ni elegir nada. Cogió del brazo a la madrastrita, la montó a la grupa de su caballo y se la llevó a su reino. Allí se casaron y fueron muy felices, y no comieron perdices porque el conde Arnulfo las había matado antes de que el jabalí lo matase a él.

---

6. daban coba: adulaban, lisonjeaban insinceramente para obtener lo que querían

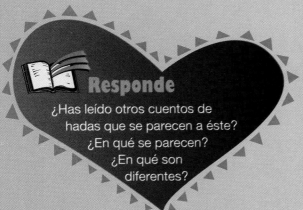

Responde

¿Has leído otros cuentos de hadas que se parecen a éste? ¿En qué se parecen? ¿En qué son diferentes?

Juan Antonio de Laiglesia ha escrito muchísimo para niños y con mucha elocuencia. Es un humorista que, en su obra, ha atinado con el lenguaje de los niños y ha logrado ese dificilísimo estilo lleno de giros y modismos que nos hacen reír. Además, ha declarado la guerra a los lugares comunes de la vida, de modo que todo resulta nuevo y sorprendente, como en el cuento de *La madrastrita*.

Analiza la lectura

Recuerda

1. ¿Por qué decide el Señor Niceto hacer un caballo de madera en *El robo del Caballo de madera*?
2. ¿Cuántas personas dicen que son culpables por lo que pasó con el caballo?
3. En *La madrastrita*, ¿por qué se casa el conde con Herminia?

Interpreta

4. ¿Crees que Manolín es verdaderamente un ladrón, en *El robo del caballo de madera*?
5. En *La madrastrita*, ¿por qué el futuro de Herminia será más feliz que el de sus tres hijastras?

Avanza más

6. ¿Crees que se hace justicia en estas selecciones?
7. ¿Qué se puede aprender de estos cuentos que pueda afectar tu vida?

Para leer mejor

Cómo analizar las referencias literarias a temas Jurídicos

Algunos autores utilizan personajes y situaciones relacionadas con la justicia. Por ejemplo, en *El robo del caballo de madera* existe un juez, un ujier, un acusado entre otros personajes. ¿Cómo puede el juez administrar justicia para todos en este caso? Utiliza las notas de la tabla que ya hiciste para tu análisis.

Ideas para escribir

La literatura ha sido fuente de inspiración para películas famosas.

Escena de una película Describe cómo filmarías una escena de *La madrastrita*. Considera el uso de primeros planos, tomas del exterior de la casa, y un montaje o secuencia de imágenes.

Apuntes sobre los protagonistas Escribe sugerencias de los actores que utilizarías como protagonistas para una película basada en *La madrastrita* o en *El robo del caballo de madera*. Explica cómo llegaste a esas decisiones.

Ideas para proyectos

Maqueta Construye una maqueta representando la escena final de *La madrastrita*. Usa diversos materiales, como por ejemplo hilos, cuerdas, cartón y papel maché. Incluye en esta maqueta al príncipe, a Herminia y a las hijastras.

¿Estoy progresando?

Contesta brevemente estas preguntas:

¿Qué aprendí sobre los temas jurídicos en la literatura?

¿Puede un cuento humorístico darnos una lección sobre un tema serio?

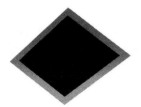

¿Cómo se puede hacer ver a otros la injusticia de sus acciones?

Aplica lo que sabes

Quizás recuerdes que alguna vez cuando eras pequeño algún grandote te quiso quitar tu lugar en una fila. Seguramente te hubiera gustado decirle unas cuantas cosas, pero te sentiste intimidado(a). Quizás hubieras querido ser más grande para poder decirle lo que realmente pensabas; o quizás hubieras querido ser como uno de aquellos personajes de los cuentos de hadas que saben engañar a los gigantes y a los ogros.

Haz una o ambas de estas actividades con un grupo para explorar diferentes formas de enfrentar las situaciones injustas:

- Dramatiza una escena en la cual dos personas se enfrentan con otra (u otras) que les trata de quitar su lugar en la fila. No usen métodos violentos.

- Inventa y cuenta la historia de un personaje astuto que se impone a otro y que quiere abusar de él. Los personajes pueden ser animales.

Lee activamente
Cómo identificar las cualidades de un pícaro

En muchos cuentos tradicionales, el héroe usa su inteligencia para vencer a enemigos más poderosos que él. Este tipo de héroe se llama **pícaro**. Un **pícaro** confía en sí mismo y es especialmente hábil con las palabras, pero no es ni rico ni fuerte. Al identificar las cualidades del **pícaro**, podrás apreciar mejor su astucia. También verás cómo triunfa la justicia, aun cuando las circunstancias no son favorables.

Mientras vas leyendo el cuento, observa cómo Chicoria demuestra sus cualidades de pícaro. Apunta tus observaciones del personaje en un diagrama como el siguiente:

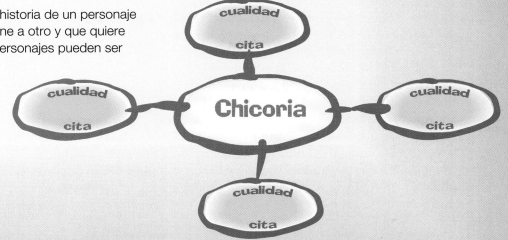

Chicoria

José Griego y Maestas

Había en California muchos rancheros. Estaban yéndose muchos hombres de Nuevo México a trabajar en esos ranchos. Un día uno de los hacendados les dijo a los nuevomexicanos:

¿Qué no hay poetas en su país?"

"Hay muchos," le contestaron. "Está el viejo Vilmas, está Chicoria, está Cienfuegos, está la Cebolletanas y está el Negrito Poeta."

"Pues cuando se vayan y vuelvan traigan un poeta para echárselo a Gracia, porque aquí en este país no hay quien le dé competencia." Al fin de la temporada regresaron los nuevomexicanos a su país y cuando volvieron a California llevaron al poeta Chicoria. Cuando supo el dueño de la casa que habían traído a Chicoria de Nuevo México, despachó a un criado para invitar a un hacendado vecino para ver al poeta Chicoria. Vino el compadre y se pusieron las cocineras a hacer la cena para el hacendado y su compadre. Cuando empezaron a meter comidas a un cuarto, le dijo Chicoria a un criado de la casa:

"¡Oh, nos van a dar buena cena, amigo!"

"No, amigo, esa cena es para ellos. Nosotros no cenamos en la mesa del patrón. No nos permite. Nosotros cenamos aquí en la cocina."

"Pues te apuesto que yo sí ceno con ellos."

"Si pides sí, pero si no le pides, no te llama."

"Si les pido, pierdo," dijo el nuevomexicano. "Él, voluntariamente, tiene que llamarme."

Apostaron veinte pesos, y le dijeron a la criada de la mesa que reportara si el nuevomexicano le pedía al hombre de cenar. La criada llevó a Chicoria para el cuarto donde estaban cenando. Entonces Chicoria les dio las buenas tardes y el hacendado ordenó que le pusieran una silleta al nuevomexicano. La criada le puso una silleta atrincada a la pared y él se sentó. Los ricos empezaron a cenar sin convidar a Chicoria, como le habían dicho los criados. Entonces el dueño de la casa le dice:

"Nuevomexicano, ¿Cómo es el país donde tú vives?"

"En Nuevo México todas las familias usan una cucharita para cada bocadito cuando toman su comida."

Aquéllos se admiraron que para cada bocado había cucharita. Chicoria no les dijo que la cucharita era la tortilla.

"Pero además de esto," les dijo, "las chivas no son como éstas de aquí."

"Por qué?"

"Porque éstas de aquí paren de a dos chivitos y aquéllas de allá paren de a tres."

"Cosa curiosa," le dijo el de la casa, "¿Y cómo hacen esas cabras para darle de mamar a los tres chivitos?"

"Pues bien, así como ustedes ahora, mientras dos maman, uno mira."

El hombre entendió de una vez lo que aquél le refería y le dijo:

"Arrímate, nuevomexicano."

Se arrimó y cenó con ellos. Después de la cena se puso él a la cantada y cuando acabó, coletó[1] su apuesta.

---

1. coletó: viene de la palabra "colectar" que significa recaudar, recibir, juntar

Palabras básicas

atrincada: pegada, arrimada a
tortilla: torta delgada hecha de maíz

Las leyendas, canciones y cuentos tradicionales se transmiten de generación en generación y reflejan las tradiciones, creencias y herencia cultural de un pueblo. Aquí, **José Griego y Maestas** escribe una leyenda que el escuchó en uno de sus viajes por el suroeste de los Estados Unidos.

Responde

¿Conoces a alguien parecido a Chicoria? Explica.

Paco Yunque

César Vallejo

La cólera que quiebra al hombre en niños,
que quiebra el niño, en pájaros iguales,
y al pájaro, después, en huevecillos;
la cólera del pobre
5 tiene un aceite contra dos vinagres.

La cólera que al árbol quiebra en hojas,
a la hoja en botones desiguales
y al botón, en ranuras telescópicas;
la cólera del pobre
10 tiene dos ríos contra muchos mares.

La cólera que quiebra al bien en dudas,
a la duda, en tres arcos semejantes
y al arco, luego, en tumbas imprevistas;
la cólera del pobre
15 tiene un acero contra dos puñales.

La cólera que quiebra al alma en cuerpos,
al cuerpo en órganos de semejantes
y al órgano, en octavos pensamientos;
la cólera del pobre
20 tiene un fuego central contra dos cráteres.

Palabras básicas

telescópicas: dícese de los objetos
cuyos elementos encajan unos en otros,
que se extienden como un telescopio

Responde

En este poema ¿qué imagen te
parece la más poderosa?

César Vallejo (1892–1938) nació
en Santiago de Chuco, en la sierra en
el norte del Perú. Su primera colección
de poemas, *Los heraldos negros*, salió
en Lima en 1918. En 1923 fue a vivir a
París, en Francia, donde se dedicó a
escribir poesía y novelas sobre los
problemas de los que tienen que
luchar con la pobreza para sobrevivir.

Analiza la lectura

Recuerda

1. ¿Por qué llega Chicoria al rancho de California?
2. Nombra dos imágenes que el poeta usa para describir la cólera de los pobres, en *Paco Yunque*.

Interpreta

3. ¿Por qué Chicoria menciona algo que se acostumbra en las cenas cuando le preguntan sobre la vida en Nuevo México?
4. ¿En qué se parece Chicoria a la tercera chiva del cuento?
5. ¿Te habrías sorprendido si Chicoria no hubiera sido mejor poeta que Gracia? Explica.
6. En *Paco Yunque*, ¿qué podría ocurrir como consecuencia de la cólera de los pobres?

Avanza más

7. ¿Cuándo es preferible ser indirecto al comunicarse con otra persona? ¿Cuándo es preferible ser directo?

Para leer mejor

Cómo analizar un cuento tradicional

Al identificar las cualidades del pícaro, en *Chicoria* comprendes mejor este **cuento tradicional** (un cuento transmitido oralmente de persona a persona y de generación a generación). Estos cuentos sobreviven porque divierten y porque tienen además un significado especial tanto para el narrador como para quienes lo escuchan. *Chicoria* tiene un significado especial porque muestra cómo utilizando una treta, un hombre pobre puede obtener lo que quiere del ranchero rico y poderoso.

1. Según el diagrama que hiciste para ilustrar las cualidades de Chicoria, ¿cómo se demuestra qué es un pícaro?

2. Menciona dos detalles que indiquen que Chicoria pertenece a una clase social más pobre que los rancheros.
3. Tomando en cuenta la clase social de Chicoria, ¿qué se puede inferir sobre quiénes contarían y disfrutarían este cuento? ¿Cuál es el mensaje del mismo?

Ideas para escribir

Puedes encontrar pícaros tanto en los cuentos tradicionales como en otras formas de la cultura popular.

Cuento tradicional Escribe un cuento tradicional sobre un pícaro, sea persona o animal, que se traslada de un lugar a otro para luchar contra la injusticia. Incluye diálogo ingenioso y descripciones detalladas.

Poema Busca la definición de la palabra "justicia" y escribe un poema utilizándola como tema. Ilústralo con dibujos o recortes de revistas y preséntalo a la clase.

Ideas para proyectos

Fábula para el primer grado Chicoria les da una lección a los rancheros utilizando el humor. Diseña un libro para niños de primer grado con dibujos cómicos que les enseñe a actuar de una manera justa. Por ejemplo, tu libro podría enseñarles a compartir sus juguetes o a no hacer trampa en los juegos.

Canción sobre la justicia Escribe una canción sobre justicia para los pobres. Puedes ponerle letra a la música de una canción existente, o puedes componerla. Si es posible, graba la canción para compartirla con la clase.

¿Estoy progresando?

Con un compañero, contesta estas preguntas:
De lo que aprendí sobre los cuentos tradicionales, ¿qué fue lo más interesante?

¿Qué aprendí en estas lecturas sobre lo que se puede hacer para combatir la injusticia?

Justicia para todos

Los proyectos..............

Las selecciones de este capítulo seguramente te han ayudado a pensar en cómo contestar lo siguiente: ¿Qué es justo y qué es injusto? ¿Cómo podemos luchar contra la injusticia? ¿Qué podemos hacer para que todos disfruten de la justicia? Ahora te toca a ti trabajar en un proyecto que te ayudará a desarrollar tus propias ideas sobre la justicia y el derecho a la misma.

Presentación sobre la paz Una frase popular y que se ve a menudo en los parachoques de los automóviles dice, "Si quieres la paz, busca la justicia". Planea una campaña en favor de la paz con carteles que ilustren diversos aspectos de la vida cotidiana de individuos, en las comunidades y en las naciones. Expresa cómo los conceptos de paz y justicia se complementan entre sí para hacer de este mundo un lugar mejor en donde todos puedan disfrutar de la paz y la justicia. Exhibe los carteles en la escuela y en la comunidad.

Tribuna improvisada Recordando la tradición del "orador de tribuna improvisada", el orador que habla en la esquina o en el parque a favor de una causa, planea una serie de discursos para presentar de forma persuasiva en tribunas improvisadas. Invita a varios estudiantes a dar conferencias informales en diferentes rincones de la clase. Si es posible, decora la clase para que parezca un parque. Invita a otros estudiantes para que escuchen a los oradores y elaboren críticas sobre cada presentación. Recopila las críticas y las ideas principales de cada orador y publícalas en una "Antología de la libertad de expresión".

Cuentos tradicionales Las fábulas y los cuentos tradicionales que tratan el tema de la justicia se encuentran en la literatura de casi todas las culturas. Investiga algunos cuentos conocidos que tratan el tema y escribe unos cuentos nuevos y originales. Prepara una antología grabada de la colección que hayas escrito.

¡Adelante!
Libros de interés

El alquimista
de Paulo Coelho

Esta historia es sobre Santiago, un niño pastor andaluz que viaja en busca de un tesoro material y aprende a escuchar lo que le dice el corazón, a leer los presagios dispersos por el camino de la vida y, sobre todo, a seguir sus sueños.

Días aciagos para Paucar Guamán
de Carmen Bernand

Paucar Guamán, noble incaico, siente renovadas sus fuerzas para enfrentar el futuro, pero tiene que obtener una audiencia privada con el Inca Huayna Pacac para poder revelarle los secretos que lo atormentan.

El mago Merlín y la corte del rey Arturo
adaptación de Labor Bolsillo Juvenil

El Rey Arturo, los caballeros de la Mesa Redonda y el mago Merlín son personajes míticos y sus hazañas en busca de justicia se han agrandado hasta poner en duda su realidad histórica, perdida con el transcurso de los siglos. Sigue vivo el atractivo de estas leyendas llenas de hechos prodigiosos relacionados con el misterio que rodea al profeta y mago Merlín.

Cambios positivos

Untitled © Roxana Villa/SIS

¡Entérate!

Mira el cuadro "Caras en el cielo sobre una planta." Como estas personas, tú eres parte de un mundo que necesita tu ayuda. ¿Cómo puedes contribuir? Piensa en estas preguntas: ¿Cómo podemos mejorar la calidad de vida de los demás? ¿Cómo podemos proteger el medio ambiente? ¿Qué podemos aportar a la comunidad?

Actividades

En grupo Discute con tus compañeros de clase lo que cada uno de nosotros puede hacer para aportar al medio ambiente, la comunidad y otras personas. ¿Cuáles son algunas cosas prácticas que la gente podría hacer para mejorar la situación a su alrededor?

Actividades

Por tu cuenta Presenta ideas para hacer una lista de lo que podrías aportar a tu casa, a tu escuela, a un amigo, a un desconocido y al medio ambiente. Añade ideas a tu lista cada vez que se te ocurra algo nuevo.

Menú de proyectos . . . .

Piensa en los siguientes proyectos y escoge el que te interese. Hay más detalles en la página 116.

- **Informe sobre un descubrimiento científico**
- **Un minidrama sobre un cambio positivo**
- **Un diario de un voluntario**

Presentación

Don Payasito de Ana María Matute
La carretilla de Juan Ramón Jiménez

¿Cuál es el mejor regalo que has recibido?

Aplica lo que sabes

Hacer regalos es una manera de expresar los sentimientos. Claro está, éstos no tienen que ser costosos para ser apreciados. Un regalo escogido cuidadosamente refleja tanto la personalidad de quien lo da como la de quien lo recibe. Con un grupo, haz una o más de las siguientes actividades.

- Recuerda las ocasiones en que has recibido regalos: tu cumpleaños, un día festivo, una graduación o cualquier otra ocasión. Habla de los mejores regalos que has recibido y explica por qué te gustaron tanto.

- Recuerda una ocasión en la que alguien te ayudó o te inspiró, o hizo algo especialmente cariñoso. Explica por qué tales acciones a veces valen más que cualquier otro regalo.

Lee activamente
Identifica las características del personaje principal

Para hacer regalos apropiados, hay que conocer bien a quien ha de recibirlos. Así, cuando lees un cuento, vas conociendo a los personajes del mismo, cómo hablan, cuál es su apariencia física, cómo actúan y cómo se relacionan entre sí. De esta manera se logra entender lo que el escritor quiere comunicar con respecto a la personalidad de cada uno de sus personajes.

Prepara una tabla como la siguiente para que, según vayas leyendo, organices la información sobre el personaje principal en *Don Payasito*, y sobre el narrador en *La carretilla*.

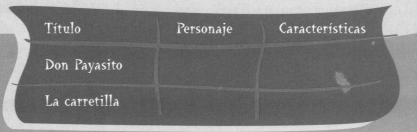

Título	Personaje	Características
Don Payasito		
La carretilla		

Don Payasito

Ana María Matute

En la finca del abuelo, entre los jornaleros, había uno muy viejo llamado Lucas de la Pedrería. Este Lucas de la Pedrería decían todos que era un pícaro y un marrullero,[1] pero mi abuelo le tenía gran cariño y siempre contaba cosas suyas, de hacía tiempo:

—Corrió mucho mundo —decía—. Se arruinó siempre. Estuvo también en las islas de Java…

Las cosas de Lucas

---

1. **marrullero:** persona que trata de salirse con la suya

Palabras básicas

jornaleros: personas que trabajan por una temporada, especialmente campesinos de la Pedrería hacían reír a las personas mayores. No a nosotros, los niños. Porque Lucas era el ser más extraordinario de la tierra. Mi hermano y yo sentíamos hacia él una especie de amor, admiración y temor, que nunca hemos vuelto a sentir.

Lucas de la Pedrería habitaba la última de las barracas, ya rozando los bosques del abuelo. Vivía solo, y él mismo cocinaba sus guisos de carne, cebollas y patatas, de los que a veces nos daba con su cuchara de hueso, y él se lavaba su ropa, en el río, dándole grandes golpes con una pala. Era tan viejo que decía perdió el último año y no lo podía encontrar. Siempre que podíamos nos escapábamos a la casita de Lucas de la Pedrería, porque nadie, hasta entonces, nos habló nunca de las cosas que él nos hablaba.

Llegábamos jadeando a la boca de la cueva. Nos sentábamos, con todo el latido de la sangre en la garganta, y esperábamos. Las mejillas nos ardían y nos llevábamos las manos al pecho para sentir el galope del corazón.

Al poco rato, aparecía por la cuestecilla don Payasito. Venía envuelto en su capa encarnada, con soles amarillos. Llevaba un alto sombrero puntiagudo de color azul, el cabello de estopa[2], y una hermosa, una maravillosa cara blanca, como la luna. Con la

---

2. estopa: parte gruesa del cáñamo que queda en el rastrillo al rastrillar

Palabras básicas

barracas: viviendas rústicas, con techos hechos de caña
patatas: palabra usada solamente en España que significa *papas*. Se dice *papas* en Latinoamérica.
jadeando: respirando trabajosamente
gruta: caverna natural en las rocas o las montañas
parsimoniosamente: muy despacito

diestra se apoyaba en un largo bastón, rematado por flores de papel encarnadas, y en la mano libre llevaba unos cascabeles dorados que hacía sonar.

Mi hermano y yo nos poníamos de pie de un salto y le hacíamos una reverencia. Don Payasito entraba majestuosamente en la gruta, y nosotros le seguíamos.

Dentro olía fuertemente a ganado, porque algunas veces los pastores guardaban allí sus rebaños, durante la noche. Don Payasito encendía parsimoniosamente el farol enmohecido, que ocultaba en un recodo de la gruta. Luego se sentaba en la piedra grande del centro, quemada por las hogueras de los pastores.

—¿Qué traéis hoy? —nos decía, con una rara voz, salida de tenebrosas profundidades.

Hurgábamos[3] en los bolsillos y sacábamos las pecadoras monedas que hurtábamos para él. Don Payasito amaba las monedillas de plata. Las examinaba cuidadosamente, y se las guardaba en lo profundo de la capa. Luego, también de aquellas mágicas profundidades, extraía un pequeño acordeón.

—¡El baile de la bruja Timotea! —le pedíamos.

Don Payasito bailaba. Bailaba de un modo increíble. Saltaba y gritaba, al son de su música. La capa se inflaba a sus vueltas y nosotros nos apretábamos contra la pared de la gruta, sin acertar a reírnos o a salir corriendo. Luego, nos pedía más dinero. Y volvía a danzar, a danzar, "el baile del diablo perdido". Sus músicas eran hermosas y extrañas, y su jadeo nos llegaba como un raro fragor[4] de río, estremeciéndonos. Mientras había dinero había bailes y canciones. Cuando el dinero se acababa don Payasito se echaba en el suelo y fingía dormir.

—¡Fuera, fuera, fuera! —nos gritaba. Y nosotros, llenos de pánico, echábamos a

---

3. hurgábamos: escarbábamos; tocábamos algo removiéndolo
4. fragor: ruido, estrépito, estruendo

correr bosque abajo; pálidos, con un escalofrío pegado a la espalda como una culebra.

Un día —acababa yo de cumplir ocho años— fuimos escapados a la cabaña de Lucas, deseosos de ver a don Payasito. Si Lucas no le llamaba, don Payasito no vendría nunca.

La barraca estaba vacía. Fue inútil que llamáramos y llamáramos y le diéramos la vuelta, como pájaros asustados. Lucas no nos contestaba. Al fin, mi hermano, que era el más atrevido, empujó la puertecilla de madera, que crujió largamente. Yo, pegada a su espalda, miré también hacia adentro. Un débil resplandor entraba en la cabaña, por la ventana entornada. Olía muy mal. Nunca antes estuvimos allí.

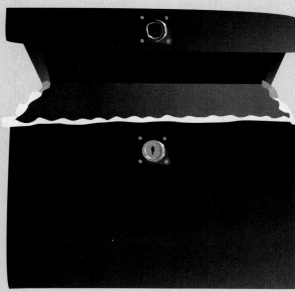

Sobre su camastro estaba Lucas, quieto, mirando raramente al techo. Al principio no lo entendimos. Mi hermano le llamó. Primero muy bajo, luego muy alto. También yo le imité.

—¡Lucas, Lucas, cuervo malo de la isla del mal!...

Nos daba mucha risa que no nos respondiera. Mi hermano empezó a zarandearle[5] de un lado a otro. Estaba rígido, frío, y tocarlo nos dio un miedo vago pero irresistible. Al fin, como no nos hacía caso, le dejamos. Empezamos a curiosear y encontramos un baúl negro, muy viejo. Lo abrimos. Dentro estaba la capa, el gorro y la cara blanca, de cartón triste, de don Payasito. También las monedas, nuestras pecadoras monedas, esparcidas como pálidas estrellas por entre los restos. Mi hermano y yo nos quedamos callados, mirándonos. De pronto, rompimos a llorar. Las lágrimas nos caían por la cara, y salimos corriendo al campo. Llorando, llorando con todo nuestro corazón, subimos la cuesta. Y gritando entre hipos:

—¡Que se ha muerto don Payasito, ay, que se ha muerto don Payasito...!

Y todos nos miraban y nos oían, pero nadie sabía qué decíamos ni por quién llorábamos.

---

5. zarandearle: moverle rápidamente

Ana María Matute nació en Barcelona, España, en 1926. Es una novelista distinguida que ha ganado premios literarios, incluyendo el "Premio Planeta," el "Premio Nacional de Literatura de España", en 1959 y el "Premio Nadal" en 1960. Ha enseñado en los EEUU, en la Universidad de Boston y la Universidad de Indiana.

Palabras básicas

resplandor: **brillo reluciente**

Responde

¿Cómo reaccionas cuando ves payasos? Explica.

La carretilla

Juan Ramón Jiménez

En el arroyo grande, que la lluvia había dilatado hasta la viña, nos encontramos, atascada, una vieja carretilla, perdida toda bajo su carga de hierba y de naranjas. Una niña, rota y sucia, lloraba sobre una rueda, queriendo ayudar con el empuje de su pechillo en flor al borricuelo[1], más pequeño ¡ay! y más flaco que Platero. Y el borriquillo se despechaba contra el viento, intentando, inútilmente, arrancar del fango la carreta, al

___
1. borricuelo: diminutivo de burro; burrito

Palabras básicas

dilatado: extendido
viña: lugar donde crecen las uvas
se despechaba: se esforzaba

grito sollozante de la chiquilla. Era vano su esfuerzo, como el de los niños valientes, como el vuelo de esas brisas cansadas del verano que se caen, en un desmayo, entre las flores.

Acaricié a Platero y, como pude, lo enganché a la carretilla, delante del borrico miserable. Le obligué, entonces, con un cariñoso imperio, y Platero, de un tirón, sacó carretilla y rucio[2] del atolladero, y les subió la cuesta.

¡Qué sonreír el de la chiquilla! Fue como si el sol de la tarde, que se quebraba, al ponerse entre las nubes de agua, en amarillos cristales, le encendiese una aurora tras sus tiznadas[3] lágrimas.

Con su llorosa alegría, me ofreció dos escogidas naranjas, finas, pesadas, redondas. Las tomé, agradecido, y le di una al borriquillo débil, como dulce consuelo; otra a Platero, como premio áureo[4].

---

2. **rucio:** otra palabra para referirse al burrito

3. **tiznadas:** manchadas con hollín o humo

4. **áureo:** de oro o color oro

Juan Ramón Jiménez gozó de mucha fama como poeta. Ganó el "Premio Nobel" de literatura en 1956. Su obra se caracteriza por la nostalgia, el romanticismo, la filosofía y el sentimiento. La carretilla es una selección de su libro famosísimo, "Platero y yo," que escribió en prosa muy poética con imágenes claras que hacen que el lector visualice exactamente lo que describe el autor.

Responde

¿Quién merece el premio en este caso?

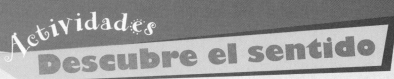

Actividades
Descubre el sentido

 ### Analiza la lectura

Recuerda

1. ¿Qué regalos les dan los niños a Don Payasito?
2. ¿Qué regalo le dieron Platero y el narrador a la niña? ¿Qué regalos les dio el narrador a Platero y al otro burrito?

Interpreta

3. ¿Qué regalos reciben los niños de Lucas de la Pedrería en su papel de Don Payasito?
4. ¿Qué habría pasado en *La carretilla* si el narrador y Platero no hubieran ayudado a la niña?

Avanza más

5. En los textos que has leído, los regalos de bondad tenían verdadero valor. ¿Por qué dar regalos así afecta tanto a la persona que regala como a la que recibe?

Para leer mejor

 #### Cómo comprender el carácter del personaje

La información que has anotado sobre los personajes principales de cada lectura te ayudó a entenderlos mejor. Por ejemplo, es posible que hayas notado que el narrador de *La carretilla* no espera que le den las gracias, y siente verdadera gratitud porque la niña le ofrece dos naranjas hermosas. Esto sugiere que el narrador es generoso.

1. Con los gráficos que hiciste, escribe una lista con cuatro ideas importantes sobre el personaje principal de cada lectura.
2. Utiliza la lista antes mencionada para escribir una descripción breve de la personalidad de uno de los personajes principales. Haz esa descripción como si fuera a publicarse, con su retrato, en el anuario de tu clase.

 ### Ideas para escribir

A veces la lectura de un buen cuento inspira a los lectores a imaginar su propia versión de lo que pasó. Así, un cuento es un regalo que el escritor le da al lector.

Cuento Escribe *Don Payasito* como si fueras Lucas de la Pedrería. Explica los sucesos del cuento desde tu punto de vista. Expresa lo que sientes hacia los niños y por qué te disfrazas de Don Payasito.

Carta Escribe una carta de la niña al narrador de *La carretilla*. Imagínate que tenías el mismo problema que ella. Dile de la desesperación que sentías antes de su llegada, y exprésales a él y a Platero tu gratitud por su regalo.

Ideas para proyectos

La comunidad En los cuentos que has leído, varios personajes recibieron regalos. Investiga qué donativos hace a la comunidad la gente que conoces. Entérate de los grupos especiales que aportan algo a la comunidad, como un grupo que promociona la inscripción de votantes o un fondo para los desamparados. Presenta lo que has encontrado a la clase e incluye folletos informativos de los grupos, si es posible.

Lista de actividades En grupo, escribe una lista de cómo podrías ayudar a mejorar la vida de gente desconocida. Por ejemplo, colaborar con una organización como "Comidas a domicilio", recaudar fondos para ayudar a la comunidad en casos de emergencia o ser tutor de alumnos de tu escuela que son menores que tú. Comparte tu lista con la clase.

¿Estoy progresando? Contesta estas preguntas y autoevalúate.

¿Qué aprendí sobre la manera de entender mejor las características del personaje principal?

¿Cómo me ayudaron estas lecturas a entender lo que significa hacer regalos?

¿Qué puedes aprender sobre la naturaleza al leer los cuentos y tradiciones de Latinoamérica?

Aplica lo que sabes

Mucha gente se preocupa por el futuro de nuestro planeta. Nos advierten que varios problemas ambientales podrían amenazar el bienestar de la tierra. Algunas personas se preocupan por los daños causados por la contaminación con monóxido de carbono. Otros piensan en el número de árboles que se han derribado para construir edificios y hacer papel. Y otros se preocupan por la escasez de los alimentos o la contaminación del agua. Las actividades siguientes te ayudarán a reflexionar sobre los problemas ambientales que más te preocupan.

- Discute la siguiente pregunta: Si la tierra pudiera decirte lo que necesita, ¿qué diría?
- Escribe una lista de cuatro cosas que podrías hacer para proteger el medio ambiente. Compara tu lista con las de otros compañeros.

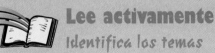

Lee activamente
Identifica los temas

Además de la música, el arte y la publicidad, la literatura puede ser otro medio a través del cual la gente expresa sus preocupaciones acerca del medio ambiente. El cuento que vas a leer contiene mensajes importantes sobre el medio ambiente. El mensaje de una obra literaria se llama el tema de la obra. Cuando el escritor no presenta directamente el tema, tienes que buscar los indicios que lo sugieren. Por ejemplo, en *En el Bosque Seco de Guánica*, las palabras de Don Carey sugieren que el tema se relaciona con los efectos duraderos de la contaminación. Mientras leas esta historia, busca otras claves para identificar el tema. Escribe una lista de los detalles que te ayudan a encontrar el tema. Usa un esquema como el siguiente:

Detalles	En el Bosque Seco de Guánica

En el Bosque Seco de Guánica

Ángel Luis Torres

orría el mes de noviembre y reinaba una gran agitación en el Bosque Seco de Guánica. Como ya había pasado la temporada de las lluvias, todos los árboles y plantas lucían un nuevo y hermoso vestido de hojas con brillantes colores. Había tantos tonos diferentes de verdes, rojos y amarillos, que parecía como si un pintor se hubiera vuelto loco mezclando los colores.

Nadie hubiera podido imaginar que durante ocho meses la mayoría de esos mismos árboles estuvieron totalmente desnudos. Es que durante gran parte del año apenas llueve en el sur. El sol, como si estuviese molesto por algo, lanza sus rayos más calientes sobre el Bosque. Los árboles y las plantas, para poder sobrevivir, dejan caer todas sus hojas formando con ellas un manto protector sobre el suelo. Así logran evitar que el calor evapore la poca humedad que conserva la tierra. Lo demás es cosa de esperar con paciencia por algún aguacero o chubasco[1] ocasional hasta que llegue de nuevo el tiempo de las lluvias. Entonces el sol parece arrepentirse de lanzar sus rayos más ardientes sobre el Bosque. Aunque brillante como siempre, sus rayos ya no calientan tanto como en los meses de verano.

El Bosque se veía más joven y hermoso que en cualquier otra época del año. Al ver tanta belleza, las olas se complacían en acariciar con dulzura la tibia y dorada alfombra de arena que bordea el Bosque. Antes de retirarse de la orilla, cada una de ellas le regalaba un hermoso collar de espumas blancas. Desde el mar soplaba una brisa fresca y delicada que se entretenía bailando con los árboles. Las hojas le susurraban una canción de agradecimiento.

Algunas golondrinas hacían piruetas en los aires. El pitirre,[2] el ruiseñor y el jilguero[3] cantaban sobre las copas de los árboles.

Estaban felices. Sus trinos eran más claros y dulces que nunca.

Los animales de tierra retozaban unos con otros como buenos hermanitos. Los lagartos jugaban al esconder bajo las hojas secas y las raíces de los árboles. Los sapos se ejercitaban dando brinquitos cortos y cómicos. De vez en cuando, uno que otro resbalaba sobre una laja y se iba de boca. Todos los que estaban mirando se reían a carcajadas al ver cómo caía.

Las termitas o comejenes bajaban de los árboles en una larga y bien ordenada caravana. Iban a encontrarse con sus amigas las hormigas.

Otra caravana marchaba lentamente por el Bosque; eran los cobos ermitaños.[4] El peso de su caparazón les hacía tan lentos que apenas parecían moverse. Esto no les preocupaba mucho pues no tenían prisa por llegar a ningún lugar. Tampoco le temían a nada. Después de todo, eran muy afortunados y fuertes. Son muy pocos los animales que pueden darse el lujo de cargar con su propia casa. Ante cualquier peligro, les basta con entrar a ella y quedan protegidos. Sólo el hombre puede dañarles.

Palabras básicas

piruetas: movimientos ágiles

---

1. chubasco: aguacero, lluvia repentina y abundante

2. pitirre: pájaro de color oscuro, algo más pequeño que el gorrión

3. jilguero: pájaro cantor, pardo, con la cabeza blanca manchada de rojo

---

4. cobos ermitaños: caracoles marinos muy grandes

Dos grandes razones motivaban tal bullicio en el Bosque. Como había llegado el invierno, no faltaba mucho para que llegaran las aves migratorias. Todos los años, para la misma época, el Bosque Seco recibe la visita de miles de aves. Como en los bosques de los países del norte el invierno es muy frío, muchas aves vienen a la isla buscando refugio. En el Bosque encuentran suficiente alimento y calor para sus cuerpecitos. También tienen la oportunidad de encontrarse con viejos amigos.

Lo que más alegraba a los habitantes del Bosque era la llegada de las primeras tortugas marinas. Eso significaba que pronto llegaría

un viejo amigo. Se trataba de Don Carey, un anciano tan anciano, que aún las aves más viejas, como Doña Aura Tiñosa y Don Guaraguao, recordaban haberlo visto siempre de la misma manera. Sólo le cambiaba la barba, que cada año se volvía más larga y más blanca. Tenía un caminar tan pesado y lento que siempre dejaba un largo rastro sobre la arena. Cada año que pasaba caminaba más lento aún. Don Carey era un gran narrador de historias. A los jóvenes del Bosque les encantaba escuchar las mil y una extrañas aventuras que el anciano había vivido durante sus andanzas por los fondos de los siete mares y las diferentes playas del mundo. ¡Muchas veces estuvo su vida en peligro!

Una vez, siendo aún muy joven, entró sin darse cuenta al vientre de una ballena, creyendo que se trataba de una cueva. Allí pasó muchos días y noches hasta que a la ballena le dio hipo. Con cada ataque de hipo, la ballena se llenaba de agua.

Don Carey aprovechó la situación para nadar hasta la boca de la ballena. Cuando vino el próximo ataque de hipo y la ballena abrió la boca, Don Carey nadó más fuerte que nunca. Fue así como logró salir de la ballena.

En otra ocasión, se vio apresado junto a otros cientos de peces, en una enorme red llamada chinchorro. Tuvo la suerte de que entre ellos había un pez sierra que logró romper algunos hilos de la red. Cuando los pescadores alzaron el chinchorro, el peso de la carga hizo que se deshilara la red. Todos los peces, incluyendo a Don Carey, pudieron escapar y regresar al mar.

A Don Carey le gustaba mucho nadar bajo las sombras de los cascos de los barcos. Un buen día le extrañó ver que algo giraba en la popa de uno de ellos. Era la primera vez que veía algo así. Como era muy curioso, trató de averiguar qué era. Cuando estuvo cerca sintió que era halado[5] hacia el extraño objeto. De pronto, recibió un golpe muy duro en la cabeza. Quedó sin sentido y se fue al fondo del mar.

Pero la peor de todas sus experiencias —contaba Don Carey— fue una de las últimas. Tenía mucha hambre y, como ya estaba medio cegato,[6] le pareció ver flotando sobre

---

5. halado: tirado

6. cegato: se aplica a la persona que ve muy poco

las aguas una aguaviva tan grande que parecía una sombrilla transparente. Sin pensarlo dos veces, se la tragó. Poco después comenzó a faltarle el aire. Lo que se había comido se le atoró en la garganta y pasó muchos días sin poder comer nada y sin poder sacar de su estómago el extraño objeto. Nuevamente sintió la sensación de que se hundía y ya no supo más.

Un buen día se sintió arrastrado por una fuerza extraña. Haciendo un enorme esfuerzo, logró abrir los ojos. Quien le arrastraba era un anciano y solitario pescador. Don Carey intentó zafarse, pero no lo logró. Estaba muy débil. Cuando Don Carey se movió, el pescador notó que tenía algo blancuzco en la boca. Enseguida tiró del objeto que se estiró y se estiró hasta que el anciano logró sacarlo. Tan pronto el aire llenó sus pulmones, Don Carey sintió cómo le volvía la vida al cuerpo. Lo que

había confundido con una aguaviva no era otra cosa que una bolsa plástica. Tal vez algún marinero la había dejado caer por la borda, o alguien, por descuido, la había tirado al río y la corriente había cargado con ella hasta llegar al mar, donde Don Carey se la había tragado.

El pescador se compadeció de Don Carey y cuidó de él hasta que se recuperó. Era realmente hermoso verlos juntos caminando por la arena o simplemente echados uno al lado del otro bajo la sombra de un árbol. Todo marchaba muy bien entre ellos, mas Don Carey volvió a sentir en su corazón el llamado del mar y en su sangre, el calor de la aventura. Llegó el día en que ya no pudo resistir más el insinuante susurro del agua sobre la arena y decidió marcharse. Antes, recorrió todos los lugares donde había estado con su buen amigo. Luego se marchó, dejando tras sí sus huellas en la arena como muestra del cariño que le tenía al anciano pescador.

Éstas y muchas otras aventuras acostumbraba contarles todos los años Don Carey a los jóvenes habitantes del Bosque. Por eso lo querían tanto y esperaban ansiosos su llegada para escuchar las nuevas aventuras de tan valiente señor. Pero algo extraño debía estar ocurriendo pues se suponía que ya hubiera llegado a las playas del Bosque…

Casi estaban por olvidar al anciano amigo, cuando una hermosa mañana, apenas despuntaba el sol, se escuchó en el Bosque un alboroto poco común. Las gaviotas y los alcatraces[7] graznaban más fuerte de lo normal. Se adentraban en el Bosque casi rozando las copas de los árboles y despertando a todos sus habitantes. Habían visto a Don Carey por los cayos cercanos a Punta Ballena. Tan pronto se iban enterando de la noticia, todos corrían hacia la playa para recibir al admirado amigo.

Palabras básicas

aguaviva: medusa, animal marino de cuerpo gelatinoso con tentáculos

---

7. alcatraces: aves parecidas a los albatros

Y allí estaba él. O mejor dicho, alguien que se le parecía y decía ser él. Porque el anciano que allí estaba no correspondía al recuerdo que de su visita anterior tenían los habitantes del Bosque. Era un anciano muy delgado, con una larga barba llena de escombros y de una substancia pegajosa y oscura que ennegrecía su cuerpo y su caparazón. Aunque intentaba caminar, casi no lograba avanzar nada. Al ver el penoso estado en que se encontraba Don Carey, Doña Aura y Don Guaraguao bajaron de los aires para ayudarlo.

"Llevémoslo al Ojo de Agua para que descanse y podamos bañarlo" —dijeron ambos extendiendo una de sus alas y pasándola bajo los hombros y por el caparazón del viejo amigo.

Cuando llegaron al Ojo de Agua, los jueyes[8] morados procedieron a limpiar el caparazón de Don Carey raspándolo con sus patas, a la vez que recogían con sus grandes tenazas los pedazos de la negra y aceitosa substancia. Las lagartijas le limpiaban la barba, atrapando los escombros con sus mandíbulas y tirando de ellos. Mientras, las aves del Bosque recogieron las hojas más blandas que encontraron y construyeron un suave y cómodo lecho para que don Carey pudiera descansar. Los guabairos[9] se acomodaron en él para entibiarlo en lo que terminaban de bañar a Don Carey. Doña Lagarto, tan rápida como era, se encargó de traerle alimento en un santiamén. En un cascarón de la semilla del árbol de caoba, un par de tortuguitas le trajeron agua fresca y pura del manantial.

Luego de que hubo comido y bebido, Don Carey se quedó dormido. Los guabairos se acostaron junto al viejo aventurero para darle calor durante la noche. Los cobos ermitaños y las lagartijas formaron un círculo alrededor del nido para proteger el sueño de su amigo.

Llegó el amanecer y con él un nuevo día. Todos los animales del Bosque se encaminaron hacia el Ojo de Agua para escuchar las últimas aventuras de Don Carey.

---

8. jueyes: tipos de cangrejos pequeños que habitan en los manglares

9. guabairos: aves nocturnas de color rojo oscuro veteado de negro

Ya reunidos alrededor del anciano amigo, Doña Lagarto, que había traído consigo a sus cuatro hijitos, fue la primera en solicitar que les contara una de sus historias.

Don Carey, ya descansado y con mejor aspecto, caminó lentamente hasta una roca y se posó en ella. Con voz pausada, pero bastante clara, comenzó diciendo:

"Estoy cansado. Sumamente cansado. El mundo ha cambiado demasiado durante estos últimos años. Ya no es lo mismo que antes. Aunque entonces la vida estaba llena de riesgos, al menos uno tenía la oportunidad de conocer a sus posibles enemigos y medir sus fuerzas e ingenio con ellos. Hoy día, eso ya no es posible. ¿Ven ustedes en qué condiciones he llegado aquí? No lo entiendo. Sólo sé que de camino hacia acá, vi una enorme y extraña sombra sobre las aguas. Pensé que se trataba de alguna tormenta o de un huracán poderoso y terrible. Pero no podía ser. En mi larga existencia he visto cientos de ellos, de toda clase, fuertes, débiles, poderosos… Decidí averiguar qué era aquella sombra sobre las aguas y subí hasta la superficie. ¡Ese fue mi gran error! De pronto me encontré en medio de un mar negro y pegajoso. Casi no podía nadar. Por un momento recordé una antigua historia que me había contado mi abuelo cuando yo era un niño. Trataba sobre un viejo y terrible mar, llamado de Las Tinieblas, donde todo quedaba apresado hasta que las corrientes lo llevaban a un abismo sin regreso, no sin antes haberse enfrentado a los más terribles monstruos que pudieran haber existido jamás. Creí estar en medio de aquel mar. Me sentí apresado y casi al borde del abismo.

"Cerca de mí oía los gritos de las gaviotas y los alcatraces que también habían quedado atrapados como yo. Su sola presencia me dio fuerzas para luchar. Era señal de que estaba cerca de alguna playa. No sé cuánto tiempo tardé en salir de la enorme mancha negra y pegajosa, pero ya ven en qué condiciones he llegado aquí. Ya no es lo mismo que antes.

Estoy sumamente cansado. Tal vez ésta sea la última vez que pueda venir a visitarles. Casi no tengo fuerzas…"

Don Carey cerró los ojos y por un momento dormitó un poco. En eso se escuchó la voz de una tortuguita que preguntó: "Abuelo, desde cuándo viene usted al Bosque?"

"Acércate" respondió Don Carey y sentándola a su costado le acarició la cabecita con ternura.

"No recuerdo cuánto tiempo hace, pero yo nací aquí, en una de las ensenadas de Punta Ballena. Por eso cuando vengo, llego siempre por el mismo lugar. Desde siempre, mucho antes de que naciera mi abuelo, las hembras de mi familia y de la tuya han venido a descansar a estas arenas. Y así habrá de ser por siempre, al menos mientras exista este lugar. Porque este lugar es un maravilloso tesoro, un tesoro único. ¡Un tesoro más valioso que todas las piedras preciosas y el oro del mundo! Y está tan cerca de ustedes que apenas se dan cuenta de ello."

"Don Carey —preguntó Doña Zenaida Aurita (apodada la señora Tórtola Cardosantera)— ¿por qué usted dice que el Bosque Seco es un tesoro único?" Este Bosque posee enormes contrastes para quien sabe ver —comenzó diciendo Don Carey—. Justo aquí, estamos en un sector siempre verde. Sin embargo, si vienes desde la playa y subes por las acantilados, encontrarás el desierto más pequeño del mundo. La poca agua de lluvia se filtra rápidamente a través del terreno de piedra caliza, que es muy porosa. La escasa humedad que queda es evaporada enseguida por los ardientes rayos del sol y por la brisa que viene del mar. Cosa curiosa, el fuerte viento marino ha logrado con el tiempo que las copas de los árboles y los arbustos se hayan doblado siguiendo la dirección de la brisa. Las plantas y arbustos que viven allí han tenido que adaptarse a la poca humedad. Árboles como el mabí, por ejemplo, se desnudan dejando caer sus hojas para evitar la evaporación excesiva.

"Los cactus como el melón de costa, la olaga y el sebucán, son comunes en este lugar. Ellos tienen la habilidad de almacenar agua en el interior de sus troncos. Algunos, como el cactus de cuatro lados, han desarrollado largas raíces poco profundas para poder absorber el agua de la superficie del suelo.

"Al picaflor o zumbadorcito le agrada mucho el néctar de sus brillantes flores rosadas. A cada flor que visita le lleva el polen de la anterior, fertilizándola. Es su manera de ayudarla a reproducirse. Los comeñames comen los frutos del melón de costa y luego riegan las semillas por el bosque.

"El sebucán es muy generoso con los pájaros del Bosque Seco, como el turpial y el comeñame. Éstos guardan su alimento en los huecos de los troncos viejos para que las espinas se lo protejan.

"Los insectos y animales de este Bosque son realmente fascinantes —continuó diciendo Don Carey—. Es maravilloso detenerse a observar las hileras de hormigas trepando sobre el terreno, recogiendo y moviendo semillas por todo el Bosque, ayudando así a su renovación. Al construir sus nidos, las hormigas remueven el terreno, desmenuzan[11] las hojas, las flores secas, los insectos muertos y otros despojos, colaborando con el ciclo de vida del Bosque. Algunas tienen sus propios cultivos de hongos en sus nidos y hasta crían insectos menores sobre las hojas de las plantas para chuparles una especie de rocío dulce que éstos producen.

"Hay también otras hormigas, a las que se les llama "hormigas locas", por su manera

errática[12] de correr como si no supieran hacia donde van. ¡Es muy divertido detenerse a mirarlas!

"Si permaneces quieto, se te puede acercar alguno de los lagartos de tierra que retozan entre las hojas secas. Si te muestra su papada amarilla o anaranjada a la vez que abre sus mandíbulas, te estará diciendo que no debes estar allí pues ése es su territorio. No te asustes si alguna prima suya, conocida como Doña Anolis, se te acerca e intenta con rapidez atrapar alguno de los mosquitos que te estén picando. No tengas miedo, no te hará daño. ¡Tampoco se lo hagas tú a ella! Si ves un brillante rayo azul que de pronto pasa cerca de tí, se trata de Doña Ameiva, una elegante, pero muy tímida lagartija que se esconde entre las rocas. Tiene un hermoso cuerpo negro con manchitas blancas, un par de bandas delgadas sobre el lomo y un largo y brillante rabo de color tan azul, que hay que verlo para creerlo."

Don Carey tendió su mirada hacia los árboles que estaban a su alrededor, fijándola en uno de ellos. Luego prosiguió diciendo:

"También tenemos hermosas arañas de color negro, rojo y amarillo brillante. Sus telas de tejido circular pueden verse extendidas entre los árboles y arbustos del Bosque. Con ellas atrapan los insectos de que se alimentan y también —Don Carey sonrió con picardía— a algunos visitantes desprevenidos.[13] Aunque son muy difíciles de ver en la apretada maraña del Bosque, una mirada de cerca a estas arañas nos mostrará extraordinarios y vistosos diseños de colores sobre su lomo.

"Entre ustedes hay muchos amigos que son sumamente especiales. En estos momentos quedan muy pocos y corren un alto riesgo de desaparecer. Hay que evitar que esto ocurra. Son un raro tesoro que no existe en ningún otro bosque del mundo.

"El Guabairo y Querequequé son pájaros

Palabras básicas

picaflor: colibrí, ave americana muy pequeña de colores brillantes, alas y cola largas y pico delgado

---

11. **desmenuzan:** deshacen, dividen en partes muy pequeñas

12. **errática:** que van de un lugar a otro sin rumbo fijo

13. **desprevenidos:** descuidados, desatentos, distraídos

muy extraños y casi invisibles. Son los únicos pájaros del Bosque que anidan en el suelo. El Querequequé acostumbra poner sus huevos en los huecos de las rocas donde el sol y el calor del día se encargan de empollarlos por él. Es tiempo de que dispone para buscar su alimento en las copas de los árboles y para ejercitarse haciendo piruetas en el aire. Al atardecer, regresa para calentar sus huevos.

"Por su parte, el Guabairo es el menos visible de los dos. El color de sus plumas es tan parecido al de las hojas secas y al suelo del Bosque que se hace casi imposible poder diferenciarlo. Además, permanece inmóvil todo el día calentando sus huevos hasta que llega su compañero a relevarlo. Entonces, ambos bailan alrededor del nido, mirándose el uno al otro y batiendo sus alas. ¡Es una hermosa danza de amor y alegría!

"Otros de estos raros habitantes es Don Sapo Concho, quien nace en las pozas que se forman durante la época de las lluvias. En la época de sequía, pasa su vida entre las hendiduras de las piedras. Por eso es muy difícil de encontrar. Sólo sale cuando la lluvia torrencial crea las pozas. Es entonces su tiempo de aparearse y fertilizar sus huevos."

Don Carey se levantó lentamente de la roca. Estiró sus ancas como si estuviera recién salido de la cama al despertar por la mañana. Luego dio un par de pasos hacia el frente y comentó:

"Es la sangre, ya no circula como antes y se me duermen las piernas".

Caminó unos pasos más y miró con preocupación hacia el cielo. Luego volvió a sentarse en la roca y prosiguió su relato.

Los árboles también son parte del tesoro de este Bosque. Entre ellos, el almácigo es inconfundible. De su tronco color ladrillo y de sus ramas desnudas se desprenden pedacitos como de papel. También brota de ellos una especie de leche que se ha usado como medicina, pegamento e incienso aromático.

"Cuando yo era un niño, me gustaba imaginar que los arbustos de chicharrón, con sus rojas hojas espinosas, eran cercas de alambres de púas, tendidas para proteger de intrusos al Bosque. De hecho, hay que tener cuidado pues su veneno irrita la piel al menor contacto con ellas. También me divertía mucho pensar que los melones de costa eran duendes vigilantes enterrados para ocultarse un poco; que los brazos espinosos del sebucán eran soldados listos para la lucha y que las ramas torcidas del almácigo y de los otros árboles eran monstruos fantasmales dispuestos a asustar a los enemigos del Bosque…"

Don Carey respiró profundamente. En eso, de entre los árboles surgió una voz algo ronca. Era Don Zorzal que preguntó:

"¿Cómo es posible que el Bosque Seco tenga enemigos? Yo he vivido siempre aquí y nunca he visto ninguno".

"Es que no hay peor ciego que el que no quiere ver" —respondió don Carey con tono irónico a la vez que caminaba lentamente hasta recoger algo que brillaba entre las hojas. Era un pedazo de vidrio.

"He aquí uno de ellos —señaló el sabio anciano—. Algún visitante rompió una botella y dejó los vidrios tirados aquí. En este lugar —lo saben bien— el sol lanza sus rayos más calientes sobre el Bosque. Si alguno de sus rayos permaneciera directamente sobre este vidrio, de seguro se desataría un incendio que haría desaparecer toda la vida que guarda este Bosque."

Don Carey cavó un hoyo donde enterró los vidrios. Luego lo rellenó y apisonó para

Palabras básicas

sequía: falta prolongada de lluvias que causa disminución o desaparición de las corrientes de agua.

incendio: gran fuego que arde y consume lo que encuentra a su paso.

asegurarse de que no representaran peligro alguno.

"A veces, el hombre también se convierte en enemigo del Bosque… tal vez el más peligroso de todos —dijo con voz entristecida y algo amarga—. Tala los árboles y plantas para satisfacer muchas de sus necesidades: alimento, vivienda, medicinas, carbón y papel… Si esto se hace por necesidad, cuidadosa y planificadamente, no hay mayor problema. El problema es la destrucción viciosa. Sin los árboles y las plantas no habría vida en este planeta. Ellos producen todo el oxígeno que respiramos. Refrescan y purifican el ambiente, evitan la erosión de los suelos y fertilizan la tierra. Cada uno de nosotros debe sembrar todos los árboles y plantas que pueda. ¡Cuánta no sería la soledad del hombre sin los animales y los árboles!"

Don Carey calló por un momento y bajó la cabeza. En realidad, sólo pretendía ocultar sus ojos aguachosos. Todos guardaron silencio con respeto. La brisa que venía del mar, a su vez, dejó de susurrar entre las hojas de los árboles. Por un momento reinó sobre el Bosque una calma absoluta. Era como si el tiempo se hubiera detenido a reflexionar sobre lo dicho por el sabio anciano. Una breve tosecita, como para llamar la atención, rasgó el velo del silencio. La suave, aunque algo ronca voz de Don Carey se escuchó de nuevo.

"Cerca de aquí está el sendero de la Cueva. Este sector del Bosque también es muy especial por varias razones. En él se escucha el agudo silbido del turpial y vemos cientos de mariposas volando por el lugar o decorando los árboles más jóvenes con los brillantes colores de sus alas. Algo difícil de explicar en este sendero es la presencia del yagrumo hembra,

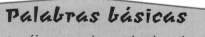

Palabras básicas

turpial: pájaro americano de plumaje color negro con reflejos metálicos

mejor conocido como árbol trompeta, por la extraña forma de su fruto alargado. Se supone que crezca en áreas húmedas o semihúmedas pero no en lugares secos y áridos como los de la costa sur de la Isla. De hecho sólo existen dos de ellos en este Bosque, cerca de la cueva de los murciélagos. Tal vez uno de estos dejó caer alguna semilla y la humedad en los alrededores le permitió germinar. Pero lo más raro de este sector del Bosque es la cueva. No porque la cueva misma sea rara sino porque en su interior habitan unos seres muy, pero que muy especiales. Pocos de ustedes los han visto y la inmensa mayoría ni siquiera saben que existen. Son los camarones de cavernas, conocidos sólo en este lugar. Debido a su fragilidad y a su importancia como especie única en peligro de extinción, está prohibido pescarlos. Para visitar la cueva y verlos, el visitante tiene que obtener un permiso en la Oficina del guardabosque y estar acompañado de un Guía oficial."

Don Carey se quedó algo pensativo y miró a los cielos. Se le notaba nervioso. "Muy pronto llegará la noche… estoy cansado… sumamente cansado…" dijo casi susurrando.

"Señor… —interrumpió con su voz grave Don Pájaro Bobo—, creo que ya debemos regresar. Está por caer la tarde y…"

"Sí, lo sé —respondió Don Carey—. Pero quiero que me acompañen a visitar a un gran amigo mío. No puedo partir sin saludarlo. Somos tan parecidos… Está cerca de aquí. Vamos".

Caminaron unos cuantos minutos hasta llegar a una fresca hondonada en cuyo fondo había un pequeño grupo de árboles siempre verdes.

Ya en el borde de la barranca, todos tendieron su mirada hacia el lugar. La belleza del paisaje contemplado los inundó de regocijo.

"¡Qué hermoso es este lugar!" —expresó doña Zenaida Aurita [apodada Doña Tórtola] después de exhalar un profundio suspiro.

"En verdad lo es —afirmó Don Carey—. Por eso quería venir aquí. No podría marchar jamás sin llevar grabado en mi memoria cada rincón de este maravilloso Bosque y mucho menos sin ver a mi más antiguo amigo".

"Quién es su amigo, Don Carey?" —preguntó Don Julián Chiví (a quien se conoce como Bienteveo)—. Yo no veo a nadie" —añadió.

"Me extraña que no lo hayan visto —respondió Don Carey—. Mi amigo es un árbol. Un hermoso y valiente árbol, que como yo, ha vivido demasiado. Se llama Don Guayacán y ha estado aquí durante más de 700 años. Su valor es incalculable. Ha sabido resistir los más feroces huracanes, las más implacables sequías y los más furiosos y ardientes rayos del sol. Mi amigo Guayacán es muy fuerte. Tan fuerte y pesado que cualquiera de sus ramas muertas puede hundirse en las aguas profundas. Por ser tan fuerte ha estado a punto de desaparecer pues el hombre aprecia mucho su madera resistente. En el pasado ya remoto, los españoles y los holandeses que conquistaron nuestro país cortaban sus troncos para usarlos en la construcción de proas y mástiles para sus barcos. También los habitantes de la Isla solían usarlos como vigas y columnas en la construcción de sus casas o como espeques para las cercas. Otros sacaban de su madera un extractó llamado guayacol que era utilizado como medicina contra una terrible enfermedad: el cólera morbo. A pesar de su fortaleza, mi amigo Guayacán tiene su lado débil. Su crecimiento es sumamente lento y necesita cientos de años para poder alcanzar un gran tamaño, como el que ahora ustedes pueden ver. Por todo eso mi amigo Guayacán es muy especial. Pero también lo es por su belleza. Su copa es espesa y redondeada. Sus hojas de un hermoso y brillante color verde aceituna. La corteza de su tronco castaño, lisa y moteada, suele desprenderse ocasionalmente en cáscaras finas y transparentes. Es muy placentero venir a verlo en primavera cuando se cubre de delicadas y fragantes flores azules".

"Señor..." —dijo nuevamente con su voz ronca Don Pájaro Bobo.

"Sí, ya sé... Ya está por oscurecer. Es hora de que regresen a sus casas. Yo me quedaré un rato más con mi amigo. Quiero estar a solas con él. No se preocupen por mí. Yo estaré bien. Cuídense mucho y gracias por estar conmigo".

Cuando todos se hubieron marchado, Don Carey caminó lentamente haste el tronco del guayacán centenario. El tronco alto y grueso parecía desafiar las leyes de la gravedad. Con su enorme fronda extendida ostentaba su señorío sobre los demás. Era un árbol heroico, digno de admiración y respeto. Un vivo ejemplo de lo que se puede hacer cuando se tiene fuerza de voluntad y verdaderos deseos de vivir. En eso, sin lugar a dudas, Don Carey y él eran muy parecidos.

Después de conversar un rato con su amigo, Don Carey se despidió con voz débil y entrecortada: "Adiós mi buen amigo. Tal vez volvamos a vernos en otro lugar y en otro tiempo. Ya debo irme. Un mar sin fondo me llama. Ya estoy cansado, sumamente cansado..."

Don Carey guardó silencio. Poco después se quedó dormido. Profundamente dormido. La noche tendió su manto oscuro, tachonado de nerviosas estrellas titilantes y la paz reinó sobre el Bosque Seco una vez más.

Ángel Luis Torres relata un cuento tradicional de Puerto Rico, *En el Bosque Seco de Guánica*. El cuento fue publicado por la Universidad de Puerto Rico en 1994.

Responde

En tu diario, escribe dos o tres preguntas que te gustaría hacerle a Don Carey sobre sus experiencias.

Actividades
Descubre el sentido

Analiza la lectura
Recuerda

1. ¿Quién rescató y cuidó a Don Carey en *En el Bosque Seco de Guánica*?
2. ¿Por qué cuando Don Carey regresó sus amigos no lo reconocieron?

Interpreta

3. ¿Qué es lo que el autor de *En el Bosque Seco de Guánica* quiere enseñarte?

Avanza más

4. ¿Qué relación tiene este cuento con tu propia vida y con la vida del mundo en que vives?

Para leer mejor
Cómo analizar el tema

A medida que ibas leyendo, ibas también descubriendo claves que indicaban **el tema** del cuento. A veces, un cuento es como un rompecabezas: cada detalle te da una parte de la solución. ¿Qué es lo que el texto te ha dicho sobre la conservación de los recursos naturales y la protección de la flora y la fauna? Consulta la lista que has hecho para contestar las siguientes preguntas:

1. ¿Qué te dice el título sobre el tema del cuento?
2. ¿Qué problema del medio ambiente le preocupa al autor?
3. ¿Qué sentimientos expresa el autor de *En el Bosque Seco de Guánica* sobre lo que ocurre con el ambiente natural de los animales?

Ideas para escribir

En un relato se pueden expresar las preocupaciones que tenemos sobre los problemas del medio ambiente. Trata de expresar las preocupaciones que tienes sobre el medio ambiente en una de las siguientes maneras:

Anuncio Imagínate que eres miembro de un grupo que quiere proteger a los animales de la contaminación ambiental. Escribe un anuncio para un periódico o para la televisión que explique lo que se propone hacer tu grupo e invita a otros a hacerse miembros del grupo. Léelo en voz alta para tus compañeros(as) de clase.

Canción rap Escribe una canción estilo "rap" acerca del medio ambiente. Puede ser con o sin rima. Si puedes, acompaña tu canción con música cuando la presentes a la clase.

Ideas para proyectos

Colección de ilustraciones Recoge una serie de fotos o ilustraciones de revistas y periódicos que muestren la contaminación del medio ambiente. Coloca los recortes en un álbum y haz una descripción de cada una. Presenta tu álbum en clase.

Gráfico Don Carey no habría sufrido tanto si se hubiera tenido más cuidado al transportar el petróleo. Investiga cómo se dispone de los materiales contaminantes en tu comunidad y en tu estado. Haz un gráfico comparando la cantidad de basura que se desecha sin peligro y la cantidad que contamina. Comparte los resultados de tu investigación con la clase.

¿Estoy progresando? Contesta las siguientes preguntas con un compañero.

Al identificar las claves, *¿cómo pude entender mejor el tema del cuento?*

¿Qué aprendí acerca de los problemas ecológicos? ¿Cómo puedo utilizar esta información en el futuro?

Los bosques de Kublai Khan
de Antonio Elio Brailovsky
Caballero de Río en Medio
de Juan A.A. Sedillo

¿Qué características admiras en una persona?

Aplica lo que sabes

En toda comunidad hay alguien a quien todos admiran. Esa persona se ha ganado el respeto de la gente por su generosidad, por su valentía, o por su buena voluntad en ayudar a los demás. ¿Conoces a alguien así? ¿Qué cualidades posee esa persona?

- En grupo, escribe una lista de las personas más admiradas en tu comunidad o en el país.
- Habla de los actos que merecen el respeto y la admiración de los demás. Dramatiza uno de esos actos.

Lee activamente

Cómo identificar a los personajes principales y los secundarios

Hay personas que desempeñan papeles importantes en una comunidad y también hay personajes que desempeñan papeles importantes en un cuento. Los personajes más importantes en un cuento se llaman **personajes principales**. A menudo, en un cuento hay un sólo personaje principal. Al leerlo, aprendes mucho sobre el personaje principal. También hallarás personajes menos importantes, los **personajes secundarios**, que junto con el personaje principal ayudan al desarrollo del cuento.

Entenderás mejor el cuento si tratas de descubrir cómo es al personaje principal. Mientras vas leyendo estos cuentos, trata de identificar al personaje principal y anota detalles de su apariencia, su personalidad y sus actos. Anota también los detalles acerca de los personajes secundarios y piensa en lo que descubres de ellos. Utiliza una tabla como la siguiente para conocer a los personajes de los cuentos que te dispones a leer.

Nombre	Personalidad	Apariencia física	Qué piensan de él los otros personajes
Kublai Khan			
Don Anselmo			

Los bosques de Kublai Khan

Antonio Elio Brailovsky

—¡Dos páginas! —dice Marco—. ¡Apenas dos páginas y ya es el atardecer! Sigamos, Rusticello, que todavía hay mucho para contar.

—Aquí el tiempo no existe —dice Rusticello—. ¿Qué quiere decir, que es muy tarde aquí adentro? ¿Tarde para qué?

La antorcha arde y chisporrotea en la pared, Rusticello protesta y finalmente se inclina sobre las cuartillas. Marco sigue y sigue, caminando leguas y leguas en la celda, con el mismo paso nervioso con que las caminara allá lejos, donde el sol inicia su trayecto por el mundo.

—La vejez del Gran Khan —dice Marco, de espaldas, mientras trata de acorralar una rata que acaba de morder un cinturón enjoyado—. Sí, sí, estaba viejo. Se le notaba en la mirada.

—En los cuentos de hadas —dice Rusticello— la gente no envejece. O son viejos de entrada, o son jóvenes para siempre. Así que decídase usted, que no tenemos tanto papel como para escribir y después andar corrigiendo.

—No, no —dice Marco—. Kublai Khan era real. Por eso envejeció. Un día cualquiera amaneció con ojos de viejo. Claro, nadie se dio cuenta en ese momento, porque lo que hacía y decía era lo mismo de siempre. Daba órdenes montado en el trono, se

paseaba por el palacio imponiendo un silencio tal que resonaban sus zapatillas de seda sobre el mármol como si fuesen tambores. Y sin embargo, ese día empezó a mirar las cosas desde la vejez.

—¿Se le arrugaron los párpados? —dice Rusticello.

—No —dice Marco—. Dejó de estar seguro del mundo. Le apareció una mirada de desconcierto, a veces temblorosa, una mirada como de preguntarse por algo que quizás no fuera capaz de nombrar. Cuando a un hombre se le instala eso detrás de los ojos, ya no lo abandona nunca más.

Vuelve Marco a caminar por la celda y narra que el emperador de la China se pasó un mes entero ensimismado, casi sin prestar atención a lo que le rodeaba, sino murmurando palabras sueltas, que venían de episodios ocurridos mucho tiempo atrás y que parecían olvidados.

—Hace veinte años —dijo Kublai asomado a la ventana— eché abajo las casas de unos campesinos para construir esa torre en el mismo sitio. ¿Qué fue de esos campesinos? ¿Quién puede darme cuenta de ellos?

Kublai Khan se pasea alrededor del trono, Marco gesticula en la celda, repitiendo la desesperación del viejo emperador que quizás quiera saber algo distinto de lo que está preguntando.

—¿Cómo se llamaba esa ciudad? —dijo Kublai—. Aquélla, sí, aquélla. La de los tejados curvos, que relucían bajo la llovizna. La que quemé en una mañana de otoño y después hice sembrar los campos de sal. ¿Quién recuerda por qué la quemé? ¿Marco, en tus notas, no dice nada de una ciudad de tejados curvos, con una pagoda amarilla, incendiada hace mucho tiempo?

National Palace Museum, Taipei, Taiwan, Republic of China

—¿Y en sus notas, Micer Marco? —dice Rusticello, mientras recarga el gran tintero de bronce.

—Nada —dice Marco—. Pero si hubiera habido algo, no lo hubiese conformado. Se pasó días y días preguntando por los mutilados de guerra, por las viudas y los huérfanos de sus soldados, por las víctimas de cada una de sus órdenes imperiales.

—Los nuestros —dice Rusticello— en ese momento de la vida se hacen frailes y se meten en un convento para purgar sus pecados.

—Sí —dice Marco—, pero Kublai era pagano. Quizás quisiera arrepentirse, pero no pensaba en el arrepentimiento, más bien trataba de entender algo, y se le escapaban las palabras para preguntarlo.

—¿Qué fue del orfebre que hizo esta joya —dijo Kublai— y que yo le saqué los ojos para que no hiciera otra igual?

Camina Marco por la celda, después recoge su capa y se envuelve en ella. El viento se cuela[1] por la tronera[2] que apenas permite ver un trozo de muralla, e, inclinándose mucho, el mástil de una galera. Las velas

---

1. se cuela: (del verbo *colarse*) se filtra; hacer pasar un líquido por una tela metálica

2. tronera: agujero redondo abierto en los costados de los barcos

Palabras básicas

desconcierto: descomposición, desarreglo

orfebre: persona que trabaja con metales preciosos

mástil: palo colocado verticalmente en un barco para sostener la vela

galera: barco antiguo de vela y remo

están envueltas con una cuerda negra, y por encima hay un gallardete[3] del que a esta hora sólo se adivina tendrá los colores de Génova, como para recordar quiénes son los dueños de esta prisión.

—Después de esto —dice Marco— Kublai entró en una profunda melancolía.

—Esto es la gloria? —murmuró Kublai—. Sólo he logrado hacerme odiar.

Rusticello acerca la mesa a la antorcha y escribe, Marco a veces le habla y a veces le dicta, y las más, discute consigo mismo sobre este emperador que descubrió al llegar a la vejez que el poder se apoya sobre el miedo y el odio.

—Se pasaba mirando los ojos de los que lo rodeaban —dice Marco—. "Sólo veo ojos de miedo", me decía.

Hasta que un día Kublai decide consultar a los astrólogos reales.

—A Kublai no le importaban las mujeres —dice Marco—. Tenía una soledad de ésas que no se curan con amantes.

Kublai echa afuera ministros, guardias, esposas y servidores, ordena cerrar las puertas, vacila un instante y después hace entrar al veneciano.

—Quédate —le dijo—, enfrentemos juntos a los astros.

Rusticello escribe en silencio, quizás lo mismo que dice Marco, quizás algo parecido. Marco sigue contando cómo el emperador pregunta por el futuro de China, en un tono de voz ajeno, como si no le importase. Sólo los ojos del viejo Kublai se llenan de agua, pero hay que estar muy cerca de él —como lo está Marco— para darse cuenta, y además hay que atreverse a mirarlo a los ojos.

El aire de la prisión reproduce el helado silencio del palacio, mientras los tres astrólogos se inclinan y tratan de que algo de la sabiduría del cielo llegue hasta ellos.

—¿Se extinguirá mi pueblo? —preguntó Kublai.

—Tu pueblo se reproducirá

infinitamente —dijo el primer astrólogo—. Los chinos serán más numerosos que las arenas del mar.

—¡Felicidad por tu profecía! —gritó Kublai.

—No tanta, gran Señor —dijo el primer astrólogo—, que serán tantos que la tierra no los podrá alimentar.

Rusticello omite la última respuesta, mientras Marco se apasiona y habla sin verlo, vuelto otra vez a la inmensa sala del trono, en la que Kublai Khan pregunta al segundo astrólogo cómo será el futuro del mundo.

—Veo un mundo sin árboles, gran Señor —dijo el segundo astrólogo.

---

3. **gallardete:** bandera pequeña, generalmente triangular

Palabras básicas

veneciano: oriundo de Venecia, Italia
astrólogos: personas que practican la astrología

—¡Qué me importan los árboles! —dijo Kublai—. Los árboles están en el mundo para talarlos. Recuerdo tantas veces, estando en campaña, que di orden de quemar los bosques. ¡Era tan hermoso ver arder los pinos! Al comienzo de la noche parecían indemnes, pero el aire en torno de ellos se calentaba y calentaba, y de repente se encendían juntas todas las hojas, el árbol quedaba abrasado por las llamas y las piñas estallaban de una en una como cohetes en un día de fiesta. Escapaban en tropel los animales del bosque, volaban de noche las palomas, salían los osos panda abrazados a los zorros y a las liebres, y yo sentía en el corazón a todos esos seres palpitando de miedo porque yo y mi ejército estábamos allí.

Palabras básicas

talarlos: cortar los árboles de un bosque
indemnes: sin daños, sin lastimarse
planicie: llanura extensa

—A la mañana siguiente el bosque era una planicie desolada de carbón humeante, y algunos troncos ennegrecidos aún de pie eran la marca para que el mundo supiera que por allí había pasado Kublai Khan con sus hombres de largos bigotes y caballitos pequeños. Pero eso fue hace muchos años. Los bosques deben haber crecido de nuevo y todo estará como antes.

—No, gran Señor —dijo Marco—. En todos mis viajes por China, no he visto ni un solo bosque. Hay innumerables árboles sueltos, pero no quedan bosques en China. La marca de tu paso aún está sobre la tierra.

Rusticello levanta la cabeza y lo mira:

—En mi tierra —dice—, muy cerca de Pisa, hay un bosque tan grande que usted puede tardar una hora en cruzarlo.

—En China —dice Marco— antes que pasaran los ejércitos hubo bosques tan grandes que tardarías años en atravesarlos. Después no quedó nada de ellos.

Kublai suspira de orgullo. El tiempo deja sus marcas sobre él, pero él también ha dejado las suyas sobre China.

—¿Y en el resto de mis dominios? —preguntó Kublai —. ¿Cómo son los bosques de la India y el Nepal, de Cambodia y el Tibet?

Callan un instante Marco y los tres astrólogos, hasta que finalmente le dicen que no los hay, y que donde pasara su caballo ya no volvieron a crecer los árboles.

—En la India —dijo el primer astrólogo— hacen sus casas de barro, porque no tienen madera para construirlas.

—En Cambodia —dijo el tercer astrólogo— han olvidado a sus dioses, porque no tienen bosques para practicar sus ceremonias.

Ahora es Kublai quien calla, y Marco trata de explicar a Rusticello la enorme consistencia del silencio del Gran Khan.

—Todos los silencios son iguales —dice Rusticello—. Es usted el que los hace diferentes.

Marco trata de describirle el silencio de la prisión, un silencio hecho de oscuridad y agobios, cruzado a veces como por pequeñas trazas, hechas del roce de cadenas y el chirriar de puertas. Ese es distinto, dice Marco, del silencio de un bosque, construido por penumbras y por la expectativa del movimiento de las hojas y del canto de un pájaro.

—Pero el silencio que se formaba en torno de Kublai —dice Marco— era el que precede a una ejecución, cuando ya han sonado los tambores, el verdugo levanta el hacha y el público deja de respirar y se muerde los labios.

—¿Se daba cuenta Kublai? —pregunta Rusticello.

—Kublai lo sabía —dice Marco—. En su juventud, se enorgullecía. En la vejez, lo contagiaba el miedo que él mismo había creado.

Persiste un rato más el silencio, Kublai Khan vacila, siente Marco que no sabe cómo preguntar y finalmente dice:

—¿Qué dicen los hombres de esos bosques que yo quemé?

Los astrólogos callan.

—Tú los quemaste —dijo Marco—. Por eso los hombres temen y no hablan de sus antiguos bosques. Pero los han dibujado, con sus hojas y bambúes, con sus helechos y pandas, y los muestran en secreto a sus hijos, para que ellos sepan cómo eran antes de que tú llegaras.

Marco hace ademán de decir algo más y calla, y ahora trata de expresar cómo era exactamente ese gesto para que Rusticello pueda reproducirlo con esas palabras italianas que, después de una vida entera en China, a Marco se le escapan.

Kublai se da cuenta y lo obliga a hablar, a decirlo todo, aún lo que no se atreviera a pensar.

—Todos ellos —dijo Marco con un hilo de voz— tienen una caja de madera laqueada en la que guardan como un tesoro las semillas de esos árboles.

—Para plantarlas después que yo muera —dijo Kublai, mientras Marco callaba.

Rusticello escribe presionando tanto la pluma que hay puntos en que perfora el papel. Marco habla y camina, palpa las paredes oscuras como si fuesen los árboles de esos bosques soñados, que toda China empezaría a sembrar al día siguiente de la muerte de Kublai Khan.

Kublai mira al tercer astrólogo, que casi no ha hablado.

—Yo también veo un futuro sin árboles, gran Señor —dijo el tercer astrólogo—. Los hombres recorren planicies devastadas, los pastos resecos, la tierra agrietada y gris, cada tanto, un árbol solitario y envejecido, que hace mucho tiempo que no da frutos. Los campesinos lo rodean y lo adoran, como si fuese uno de los dioses de los viejos tiempos. Muy de tanto en tanto, da un

buscando las preciosas semillas guardadas en las cajas laqueadas.

Volvieron los emisarios al palacio:

—Sólo podremos obtener esas semillas si matamos a los campesinos —dijeron los emisarios.

Salieron del palacio embajadores que fueron de aldea en aldea, dispuestos a tomar interminables tazas de té, a regatear y rogar, a pedir y amenazar, para que los campesinos de China confiaran en su emperador y le entregaran las últimas semillas para ser sembradas.

—Cuando regresé —dice Marco— estaban creciendo árboles de todas clases a la vera[4] de todos los caminos de China. Los campesinos los miraban, los tocaban sin comprender y al amanecer tenían un aura casi mágica. En los días más secos del verano, cuando las hojas se les achicharran bajo el sol, van con baldes a regarlos. Dicen que en esos días Kublai Khan, ya definitivamente viejo, también va y se mezcla entre ellos vestido de campesino. Y ni siquiera escucha las voces que maldicen al emperador que quemó los bosques.

---

4. vera: orilla, junto a, al lado de

puñado de semillas, que son siempre estériles.

Kublai parece mirar a Marco, pero en realidad mira hacia adentro. Rusticello escribe que lo mira a Marco y le habla a él.

—Si los hombres aman a los árboles —dijo Kublai Khan— recordarán al emperador que plantó árboles. Voy a dejarles como herencia unos bosques inmensos.

Rusticello se detiene:

—¿Se dedicó a plantar árboles después de haberlos quemado?

—Se dedicó a hacerse querer después de haberse hecho odiar —dice Marco—. A esa edad ya no soportaba el odio de millones de personas.

Cuenta Marco que Kublai Khan envió ejércitos de emisarios de aldea en aldea,

Responde

¿Le habrías entregado tus semillas al mensajero del emperador?

Antonio Elio Brailovsky es un escritor y ensayista argentino. Tiene mucho interés en la ecología mundial y preside el Movimiento Ecológico de Argentina. Además de escribir sobre la ecología, ha escrito varias novelas y dos obras de teatro.

Caballero de Río en Medio

Juan A. A. Sedillo

Tomó meses de negociaciones para llegar a un acuerdo con el viejo. Él no tenía prisa; lo que más tenía era tiempo. Vivía allá arriba, en Río en Medio, donde su gente había estado por cientos de años. Araba la misma tierra que ellos habían arado. Su casa era pequeña y miserable, pero singular. El pequeño riachuelo corría a través de su terreno. Su huerta era nudosa y bella.

El día de la venta entró a la oficina. Su abrigo era viejo, verde y desteñido. Pensé en el senador Catron que había tenido tanto poder sobre esta gente allá arriba en las montañas. Tal vez era uno de sus abrigos viejos de la marca "Prince Albert". También llevaba guantes; eran viejos y desgarrados[1] y dejaban entrever las puntas de sus dedos. Cargaba un bastón, pero era sólo el esqueleto de una sombrilla gastada. Detrás de él caminaba uno de sus incontables parientes — un hombre joven y moreno con ojos de gacela.[2]

---

1. **desgarrados:** rotos
2. **gacela:** antílope africano, ágil y hermoso

Palabras básicas

singular: original
nudosa: con nudos, desnivelada

El viejo nos hizo una reverencia a los que estábamos en la sala. Luego se quitó el sombrero y los guantes cuidadosa y lentamente — Chaplin hizo eso una vez en una película, en un banco donde era el portero. Luego le pasó sus cosas al muchacho quien permaneció de pie, obedientemente, detrás de la silla del viejo.

Hubo mucha conversación sobre la lluvia y sobre su familia. Estaba muy orgulloso de su gran familia. Finalmente fuimos al grano. Sí, él vendería como había convenido, por mil doscientos dólares en efectivo. Nosotros compraríamos y el dinero estaba listo. "Don Anselmo," le dije en español, "hemos hecho un descubrimiento. ¿Se acuerda que enviamos a ese agrimensor, a ese ingeniero, allá arriba para medir su terreno y hacer el título de propiedad? Pues, él descubrió que a usted le pertenecen más de ocho acres. Nos dijo que su terreno se extiende hasta el otro lado del río y que tiene casi el doble de lo que pensaba." Él no sabía eso. "Y ahora, Don Anselmo," añadí, "estos americanos son buena gente y están dispuestos a pagarle por el terreno al mismo precio por cada acre adicional. Así, que en vez de mil doscientos dólares recibirá casi el doble de eso y aquí está su dinero."

El viejo bajó la cabeza, pensativo por un momento; luego se puso de pie y me miró fijamente. "Amigo," dijo, "no me gusta que me hable así." Me quedé callado para que hablara. "Yo sé que estos americanos

son buenas personas y por eso he acordado venderles a ellos, pero no me gusta que me insulten. Yo acordé vender mi casa y mi tierra por mil doscientos dólares y ése es el precio."

Discutí con él, pero no me hizo caso. Por fin firmó el contrato de venta y tomó su dinero, pero rechazó tomar más de lo que se había acordado anteriormente. Luego nos dio la mano a todos los presentes, se

The Sacristan of Trampas ca. 1915 (detail)
Paul Burlin, Collection of the Museum of Fine Arts,
Museum of New Mexico

puso sus desgarrados guantes, tomó su bastón y salió seguido por el muchacho. Un mes más tarde mis amigos se mudaron a Río en Medio. Arreglaron la vieja casa de adobe, podaron los árboles, repararon la cerca y se mudaron por el verano. Un dia volvieron a la oficina para quejarse. Los niños del pueblo estaban invadiendo su propiedad. Venían todos los días y jugaban bajo los árboles, construían pequeñas cercas de juguete alrededor de estos y les arrancaban las flores. Cuando alguien les hablaba, reían y contestaban, de buen humor, en español.

Envié a un mensajero a las montañas para que buscara a Don Anselmo; fijar otra cita tomó una semana. Cuando llegó repitió la ceremonia de la vez anterior. Llevaba el mismo abrigo desteñido, el mismo bastón y le acompañaba el mismo joven. Le dio la mano a todos los presentes, se sentó mientras el joven ocupaba su posición detrás de su silla y habló del tiempo. Por fin, abordé el tema.

"Don Anselmo, sobre el rancho que usted le vendió a estas personas… Ellos son buenas personas y quieren ser, por siempre, sus vecinos y amigos, pero cuando les vendió la propiedad, usted firmó un documento, un contrato y en ese contrato se acordaban ciertas cosas. Lo primero era que ellos iban a estar en completa posesión de la propiedad. Ahora Don Anselmo, parece que todos los días los niños del pueblo invaden la huerta y se pasan la mayor parte del tiempo allí. Quisiéramos saber si usted, como el hombre más respetado en la aldea, podría impedir que hicieran esto para que estas personas pudieran disfrutar de su nuevo hogar en paz."

Don Anselmo se puso de pie. "Todos hemos aprendido a apreciar a estos americanos," dijo, "porque son buenas personas y buenos vecinos. Yo les vendí mi propiedad porque sabía que eran buenas personas, pero yo no les vendí los árboles de la huerta."

Esto iba a ser un problema. "Don Anselmo," le rogué, "cuando uno firma un contrato y vende su propiedad, uno también vende todo lo que crece sobre esa tierra y esos árboles, todos y cada uno de ellos, están en la tierra y dentro de los límites de lo que usted vendió."

"Sí, tiene usted razón," dijo. "¿Sabe qué?," añadió, "Yo soy el hombre más viejo del pueblo; casi todo el mundo allí es pariente mío y todos los niños de Río en Medio son mis sobrinos y mis nietos, son mis descendientes. Desde que heredé esa casa de mi madre he plantado un árbol cada vez que nace un niño en Río en Medio. Los árboles en esa huerta no son míos señor, les pertenecen a los niños del pueblo; a cada persona nacida en Río en Medio, desde que el ferrocarril vino a Santa Fe, le pertenece un árbol. Yo no les vendí los árboles porque no eran míos para vender."

No había nada que podíamos hacer. Legalmente los árboles nos pertenecían, pero el viejo había sido tan generoso, rehusando lo que habría sido una fortuna para él, que nos tomó casi todo el invierno siguiente para comprar los árboles uno por uno de los descendientes de Don Anselmo en el valle de Río en Medio.

Responde

Don Anselmo dice que él no tiene derecho a venderles los árboles a los americanos. ¿Estás de acuerdo con él? ¿Por qué sí o por qué no?

Juan A. A. Sedillo (1902–1982) nació en Nuevo México y vivió en el suroeste de Estados Unidos. Fue abogado y empleado público, además de escritor. "Caballero de Río en Medio" se basa en un caso verdadero que él llevó a la corte debido a un conflicto sobre un terreno. En este cuento, Sedillo usa sus conocimientos legales y su conocimiento de la naturaleza humana.

Analiza la lectura

Recuerda

1. En *Los bosques de Kublai Khan*, ¿por qué Kublai Khan decide sembrar nuevos bosques?
2. En *Caballero de Río en Medio*, ¿por qué el narrador le ofrece más dinero a Don Anselmo por sus terrenos?

Interpreta

3. ¿Qué cualidad del carácter de Kublai Khan lo lleva a la decisión de obtener semillas para sembrar más bosques?
4. ¿Qué se revela sobre el carácter de Don Anselmo al rechazar éste más dinero del que habían acordado, en *Caballero de Río en Medio*?

Avanza más

5. En cada uno de los cuentos que has leído, ¿de qué otra manera se podría haber resuelto el problema? ¿Cuáles son las ventajas y las desventajas de las otras soluciones?

Para leer mejor

Cómo analizar a los personajes principales y secundarios

Después de adentrarte un poco en la lectura de los dos cuentos, probablemente te diste cuenta de quién es el *personaje principal* de cada uno: Kublai Khan y Don Anselmo. Todos los demás personajes son *personajes secundarios*. ¿Cómo te ayudaron a conocer a Kublai Khan y a Don Anselmo?

Di cómo los detalles que anotaste en la gráfica que hiciste te ayudaron a entender los personajes.

Ideas para escribir

Imagínate que eres un periodista que vive donde se desarrolla uno de los cuentos.

Artículo Escribe un artículo de primera plana acerca de uno de los personajes principales, según la información que aparece en el cuento.

Editorial Escribe un editorial dirigido a los americanos de *Caballero de Río en Medio*. Anímales a que permitan que los niños jueguen en el huerto. Consulta las páginas editoriales del periódico de tu localidad y úsalas como modelo.

Ideas para proyectos

Cuaderno de descripciones Los personajes de los cuentos que has leído tienen características específicas. En grupo, haz una lista de las personas que más admiras en tu escuela o comunidad. En un cuaderno, pon fotos de ellas y agrégales una breve descripción a cada foto.

Música Imagínate que vas a escoger la música para la película de uno de los cuentos. Busca cuatro piezas musicales, contrastantes entre sí, que representen de forma única a cada personaje o a cada grupo de personajes. Canta algunas de las piezas musicales o toca las grabaciones para la clase.

¿Estoy progresando? Con un compañero, contesta las siguientes preguntas:

¿Cómo me ayudó la tabla anterior a entender a los personajes?

¿Cómo el identificar a los personajes principales y secundarios me ayudó a entender mejor los cuentos?

¿Qué aprendí acerca de las cualidades que más admiro en una persona?

Cambios positivos

Los proyectos.............

Las lectura de estos textos te enseñó cómo otros han respondido a las siguientes preguntas: ¿Cómo podemos contribuir a mejorar la calidad de vida de otra persona? ¿Cómo podemos contribuir a mejorar el ambiente? ¿Cómo podemos contribuir a mejorar nuestra comunidad? Una manera de descubrir tu modo particular de contribuir a mejorar las cosas es explorando la posibilidad de hacer los proyectos siguientes.

Informe sobre un descubrimiento científico

Investiga un descubrimiento científico que ayudará a mantener el equilibrio ecológico del mundo. Busca información en la prensa, en las revistas y en los libros de referencia de la biblioteca pública y de la escuela. Ilustra tu informe con recortes de periódicos y revistas o con dibujos tuyos. Cuando compartas tu informe con tus compañeros, usa las ilustraciones como punto de partida para lo que estás explicando.

Un diario de voluntario
Hazte voluntario(a) en un proyecto que cambiará positivamente un aspecto de la escuela, de la comunidad o del mundo. En tu diario, apunta cómo escogiste la organización, lo que has contribuido y qué logros ha tenido la organización en general. ¿Cuáles son las posibilidades de alcanzar la meta? ¿Cuánto se ha hecho hasta ahora? ¿Qué falta por hacer? Comparte tu diario con la clase.

Un minidrama sobre un cambio positivo
En grupo, planea y presenta un minidrama en el cual muestres cómo la gente de tu edad puede hacer cambios positivos. Tu minidrama puede estar enfocado en contribuir a mejorar la calidad de vida de otros o en promover cambios que mejorarán la ecología de tu comunidad, o de los ríos, lagos, bosques y llanos cercanos.

¡Adelante!
Libros de interés

María contra viento y marea
Magalo Cárdenas

Valiéndose de una vasta bibliografía histórica, Magalo Cárdenas da vida, en esta novela, a María de Estrada, una de las pocas mujeres españolas que participó en la Conquista.

La calle es libre
Kurusa

Basada en la historia verdadera de unos niños del Barrio San José de la Urbina, en Caracas, Venezuela. Ellos sueñan con conseguir un parque para su vecindad y luchan hasta lograrlo.

Wu Cheng'en visita la montaña Yuntai
adaptación de Hua Shiming

Wu Cheng'en fue un célebre novelista chino que vivió durante la dinastía Ming (siglo XVI). La historia trata de sus aventuras al escribir una novela mitológica. Tiene que parar de escribirla hasta que encuentre a un mono que proteja al protagonista.

Escoge tu propio camino

Untitled Barton Stabler/SIS

¡Entérate!

Mira bien el cuadro del hombre en la torre vigía de un barco en alta mar. ¿Cómo escoge su rumbo? ¿Te identificas con él? ¿Qué tomas en cuenta cuando escoges un camino a seguir? Mientras vas leyendo los siguientes textos, piensa en estas preguntas: ¿Qué camino escogeré por la vida? ¿Qué cosas me ayudarán a mantener el rumbo? ¿Cómo haré para avanzar por el camino escogido?

Actividades

En grupo Mencionen las diferentes carreras que cada cual quisiera alcanzar en el futuro. De entre ellas, escojan las dos que más les interesen al grupo y dramaticen posibles entrevistas relacionadas con las mismas, haciendo énfasis en la aptitud, las destrezas, los estudios y la experiencia necesarios para ejercer las profesiones escogidas como objeto de discusión. Si es posible, graben o hagan un video para mostrarlo a la clase.

Actividades

Por tu cuenta Dibuja un mapa de tu paso actual por la vida. Pon "estoy aquí" en un punto donde se crucen varios caminos. Indica qué caminos podrías seguir este año según tus preferencias. Piensa en las materias que estás estudiando, los libros que estás leyendo, tu participación en un equipo atlético, en la obra de teatro anual de la escuela o en tu candidatura para la directiva de la clase. En el mapa, indica el destino final de cada camino.

Menú de proyectos . . . .

Considera los siguientes proyectos y escoge uno que te interese. Hay más detalles en la página 146.

- **Libro para niños**
- **Espectáculo musical**
- **La ruta del explorador**

Responde tú... de Nicolás Guillén
Nostalgia de Virgilio Dávila
Identidad de Julio Noboa Polanco

¿Qué cosas te ayudan a ver la vida de una manera diferente?

Aplica lo que sabes

Si piensas en el ballet o el béisbol, tal vez te parezcan dos cosas totalmente diferentes. Probablemente veas sólo diferencias, pero considera por un momento qué tienen en común. Estas dos profesiones requieren un excelente estado físico y una práctica constante. En sus obras, los poetas comparan cosas que parecen muy diferentes entre sí para que el lector pueda ver las cosas de una manera diferente.

Piensa en las comparaciones que hacen los poetas cuando hagas una o dos de las siguientes actividades:

* Con un grupo pequeño, menciona las comparaciones que se usan en el lenguaje cotidiano, como por ejemplo *tan viejo como andar a pie* o *tan dulce como la miel.* Luego, inventa tus propias comparaciones.

* Con un compañero, hagan un juego de comparaciones. Uno de ustedes menciona algo, y el otro lo debe comparar con lo primero que se le ocurra. Hablen de lo que tienen en común esas dos cosas. Cuanto mayores sean las diferencias mejor será el juego.

Lee activamente

Cómo se reconocen las comparaciones en la poesía

Encontrarás **comparaciones** en casi cualquier poema que leas. Algunas **comparaciones** son obvias: la frase "es como" muchas veces indica una **comparación** entre dos cosas. Pero muchas veces serán menos obvias. Por ejemplo, un poeta puede describir una cosa como si se tratara de otra: estas son metáforas. Por ejemplo, en el verso *Prefiero ser un yuyo alto, feo,* el poeta se describe a sí mismo como una mala yerba.

Cuando leas poesía, busca las comparaciones y piensa en sus significados. Encontrar e interpretar las comparaciones te ayudará en la comprensión y apreciación de la lectura. Al leer los poemas, haz un diagrama como el siguiente:

	Imagen o idea	¿Con qué lo(a) comparas?	¿Qué significa?
Responde tú...			
Nostalgia			
Identidad			

Responde tú...

Nicolás Guillén

Tú, que partiste de Cuba,
responde tú,
¿dónde hallarás verde y verde,
azul y azul,
5   palma y palma bajo el cielo?
Responde tú.
Tú, que tu lengua olvidaste,
responde tú,
y en lengua extraña masticas
10 el güel[1] y el yu,[2]
¿cómo vivir puedes mudo?
Responde tú.
Tú, que dejaste la tierra,
responde tú,
15 donde tu padre reposa
bajo una cruz,
¿dónde dejarás tus huesos?
Responde tú.
Ah, desdichado, responde,
20 responde tú,
¿dónde hallarás verde y verde,
azul y azul,
palma y palma bajo el cielo?
Responde tú.

---

1. **güel:** imitación de la palabra inglesa *well*
2. **yu:** imitación de la palabra inglesa *you*

Como hemos visto antes, **Nicolás Guillén** fue un poeta cubano de este siglo que expresó muchos de los temas de la gente de su país: la tristeza, la dificultad de la vida, el desarraigo. En este poema, habla de la dificultad de dejar su país y de encontrarse en un mundo nuevo, con distinto idioma y lejos de sus antepasados.

Responde

Di qué detalles recuerdas de algún lugar favorito de tu niñez.

Nostalgia

Virgilio Dávila

Tras un futuro mejor
el lar[1] nativo dejé,
y mi tienda levanté
en medio de Nueva York.
5 Lo que miro en derredor
es un triste panorama,
y mi espíritu reclama
por honda nostalgia herido
el retorno al patrio nido.
10 ¡Mamá! ¡Borinquen[2] me llama!

¿En dónde aquí encontraré
como en mi suelo criollo

el plato de arroz con pollo,
la taza de buen café?
15 ¿En dónde, en dónde veré
radiantes en su atavío[3]
las mozas, ricas en brío,
cuyas miradas deslumbran?
¡Aquí los ojos no alumbran!
20 ¡Este país no es el mío!

Si escucho aquí una canción
de las que aprendí en mis lares,
o una danza de Tavárez,
Campos, o Dueño Colón[4],

---

1. lar: casa, hogar
2. Borinquen: derivado de Borikén, nombre indígena de Puerto Rico

---

3. atavío: conjunto de la ropa y los adornos que se llevan puestos
4. Tavárez, Campos, Dueño Colón: compositores puertorriqueños

Palabras básicas

criollo: se refiere a la mezcla racial latinoamericana, en este contexto es sinónimo de puertorriqueño.

<pre>
25   mi sensible corazón
      de amor patrio más se inflama,
      y heraldo que fiel proclama
      este sentimiento santo,
      viene a mis ojos el llanto...
30   ¡Borinquen es pura flama!

      En mi tierra, ¡qué primor!
      En el invierno más crudo
      ni un árbol se ve desnudo,
      ni una vega sin verdor.
35   Priva en el jardín la flor,
      camina parlero⁵ el río,
      el ave en el bosque umbrío
      canta su canto arbitrario,
      y aquí... ¡La nieve es sudario⁶!
40   ¡Aquí me muero de frío!
</pre>

---

5. parlero: persona que habla mucho

6. sudario: paño o tela con el cual se envuelve un cadáver

Palabras básicas

priva: abunda, predomina

 **Responde**

Di como se sentiría alguien que tiene que abandonar su hogar o su patria para vivir en otra parte.

Virgilio Dávila escribe en su poema *Nostalgia* sobre su difícil traslado de Puerto Rico a Nueva York. Evoca la nostalgia de sus recuerdos al repetir los nombres de músicos puertorriqueños y otros aspectos destacados de su tierra natal.

Identidad

Julio Noboa Polanco
Traducido por Marina Harss

Que sean como flores,
regadas, alimentadas, cuidadas, admiradas,
pero ancladas en una maceta de tierra.

Prefiero ser un yuyo[1] alto, feo,
5 colgado de peñascos, como un águila
flotando en el viento sobre grandes piedras serradas.

Romper la superficie de la piedra,
vivir, sentirme expuesto a la locura
del cielo vasto y eterno.
10 Ser balanceado por los vientos de un mar antiguo,
llevar mi alma, mi semilla, más allá de los cerros del tiempo
o hasta el abismo de la extrañez.

Prefiero no ser visto, y
rehuído por todos,
15 a ser una flor perfumada,
que crece a montones en el valle fecundo,[2]
alabadas, tocadas, arrancadas
por manos codiciosas[3] humanas.

Prefiero tener un olor mohoso, verde
20 que dulce y fragante como la lila.
Si puedo pararme solo, fuerte y libre,
prefiero ser un yuyo alto y feo.

_____

1. **yuyo:** mala hierba
2. **fecundo:** fértil
3. **codiciosas:** avaras

Palabras básicas

peñascos: peñas grandes y elevadas
rehuído: evitado

Responde

El poeta dice que quisiera ser una mala yerba. ¿Qué planta o animal te gustaría ser? Explica.

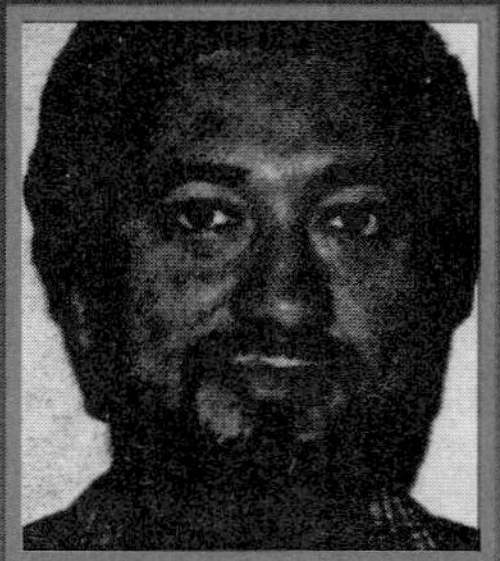

Julio Noboa Polanco nació en el Bronx en Nueva York en 1949, de padres puertorriqueños. Su familia se mudó a Chicago, y ahí Noboa Polanco desarrolló su talento de poeta; escribió el poema *Identidad* cuando estaba en el octavo grado. Escribe poesía en español y en inglés, y vive en San Antonio, Texas.

Analiza la lectura

Recuerda

1. ¿A quién se dirige el poeta en *Responde tú…*?
2. ¿Por qué el poeta en *Nostalgia* quiere regresar a Puerto Rico?
3. En *Identidad*, ¿por qué el poeta dice que es "bueno" ser una mala hierba?

Interpreta

4. Compara los sentimientos expresados por los poetas de Responde *tú…* y Nostalgia
5. ¿Qué preferiría ser el poeta de *Identidad*: el perro mascota de una familia o un pez en el mar? ¿Por qué?

Avanza más

6. ¿Si tuvieras que compararte con un elemento de la naturaleza, con cuál sería? ¿Por qué?
7. ¿Qué le aconsejarías a alguien que se ha ido de su casa o que está pensando en hacerlo?

Para leer mejor

Cómo analizar las metáforas extendidas

En los poemas que has leído, algunas cosas se describen como si en realidad fueran otras. Este tipo de comparación se llama **metáfora**. Una metáfora muy detallada y desarrollada es una **metáfora extendida**. El poema *Identidad* de Julio Noboa Polanco está construido alrededor de metáforas que comparan a las personas con las plantas.

1. ¿En qué frases se compara a las personas con las flores? ¿Qué palabras se usan?
2. ¿En qué forma el uso de metáforas contribuye al significado de su poema?

Ideas para escribir

Ya has visto cómo las imágenes y las comparaciones contribuyen a los poemas. Ahora, intenta usar metáforas en tus propios trabajos escritos.

Monólogo Imagínate que eres una planta o un animal. Escribe un monólogo en el cual hablas de ti mismo(a) y cuentas cómo es tu vida. Usa las metáforas que has leído como modelos de tus propias comparaciones.

Folleto de viajes Los anuncios usan imágenes y comparaciones para animar a la gente a viajar a lugares exóticos. Diseña un folleto de viajes que describa un lugar especial que te gustaría visitar. Usa imágenes y comparaciones, como "arena blanca como la nieve" para atraer clientes.

Ideas para proyectos

Paisaje Los poemas que has leído usan imágenes tomadas de la naturaleza para expresar ideas sobre la vida. Diseña un paisaje que exprese tu visión personal del mundo. Usa dibujos, recortes de revistas o catálogos y fotos. Si quieres, puedes hacer una maqueta de tu paisaje preferido.

Informe histórico Además de ser fuente de inspiración para los poetas, la naturaleza ha jugado un papel histórico decisivo. Identifica una planta, un animal o un paisaje que haya influido el curso de la historia. Por ejemplo, el trigo, el caballo o una hilera de montañas. Prepara un informe que demuestre cómo dicha planta, animal o paisaje contribuyó a la historia.

¿Estoy progresando? Toma un momento para contestar estas preguntas:

¿Cómo me ayuda la comprensión de las metáforas a apreciar la poesía?

¿Qué actividad o proyecto me ayudó a utilizar las metáforas?

Presentación

Las cocinas de Aurora Levins Morales
Niños campesinos (canción chicana)
La danza dentro de mi corazón
de Pat Mora

¿Qué recuerdos tienes de comidas, lugares o acontecimientos especiales?

Aplica lo que sabes

Todos tenemos comidas y lugares preferidos. A veces son muy especiales porque los asociamos con personas o acontecimientos importantes de nuestras vidas. Las palomitas de maíz te pueden recordar una película emocionante que viste con alguien especial. O a lo mejor recuerdas una visita a un museo para ver una colección especial.

Con un compañero, completa una o ambas de las siguientes actividades:

- Describan sus comidas preferidas y la mejor manera de prepararlas y hablen de las cosas o recuerdos que ustedes asocian con esas comidas.
- Cuéntense anécdotas sobre visitas a museos o lugares históricos y hablen de lo que vieron y de los lugares que querrían visitar de nuevo.

Lee activamente

Cómo identificar los detalles sensoriales

Tu opinión sobre una comida, una obra de arte o tus sueños, está íntimamente relacionada con tus cinco sentidos: el gusto, la vista, el tacto, el olfato y el oído. La buena literatura narrativa también apela a tus sentidos. Puedes apreciar mejor una descripción literaria si encuentras los **detalles sensoriales:** las palabras o frases que se refieren a los sentidos. Usa estos detalles sensoriales, tus propios recuerdos y tu imaginación para visualizar lo que describe el autor. Completa la tabla siguiente según vas leyendo los textos.

¿Qué puedes	ver?	saborear?	oler?	tocar?	oír?
Las cocinas					
Niños campesinos					
La danza dentro de mi corazón					

LAS COCINAS

Acabo de entrar a la cocina para revolver las habichuelas negras y el arroz. Las brillantes habichuelas negras flotan sobre los pulidos granos de arroz y los calabacines lisos que se tornan negros con la tinta de las habichuelas. Mi cocina es típicamente californiana, llena de vegetales frescos y cereales, agua mineral y yogurt en envases de plástico; pero cuando levanto la tapa de la gran olla negra, mi cocina se llena con las manos de las mujeres que me precedieron, lavando el arroz, lavando las habichuelas, separándolas con tanta destreza y rapidez, que nunca tuve tiempo de notar los defectos en las habichuelas que arrojaban rápidamente por encima de los hombros, por la ventana. Les bastaba tocarlas para sentir una podrida o comida por gusanos. Parada aquí, puedo ver las habichuelas coloradas, marrones, blancas y moteadas deslizándose por entre sus dedos hacia una escudilla con agua. Escucho su suave tintineo al caer en la olla, el silbido del vapor que se escapa; huelo la espuma de las habichuelas flotando sobre la superficie del líquido bajo la tapa. Veo los granos de arroz asentándose en

Aurora Levins Morales
Traducido por Susanna Petit

Es el baile de la cocinera: salir
para buscar un cubo de agua, volverse, con
encanto y gracia musculosa,
verter el agua, la luz bailando sobre la olla,
y colocar el cubo sobre la madera ennegrecida.
La llama azul reluce en el rincón oscuro,
y el café humea en la pequeña cacerola blanca.
Dedos nudosos, mondando ajo,
picando cebolla, cortando pan,
colando café,
revolviendo el arroz con una larga cuchara
llenando diez barrigas
con una sola olla negra de tizne.

una palangana[1] sobre la mesa, volviendo
lechosa el agua con el polvo de arroz y el
talco que se usaban para pulir los granos;
los dedos sumergidos, nadando en la
turbia agua blanca, buscando el grano de
la punta ennegrecida, la mancha parda.

Con el rabillo del ojo,[2] veo el fulgor de la
hoja del cuchillo mientras convierte las
cebollas, el ajo, el cilantro y los pimientos
verdes en sofrito, para ser frito y
conservado; y lo mejor de todo es la
machaca y la molienda en el pilón;
machaca, machaca, golpe, muele, machaca,
machaca, golpe, muele. Machaca, machaca
(los ajos y el orégano), MACHACA (el
mortero levantando y golpeando para aflojar
las yerbas y especias del recipiente de
madera, la molienda (el movimiento lento y
circular del mortero triturando[3] y
aplastando las yerbas, combinando los
jugos, las manchas verdes del cilantro y el
orégano, el pegajoso ajo amarillento, lo
áspero de la pimienta negra).

Es magia, es fuerza, es rito de amor y
trabajo que se agiganta en mi cocina, a
miles de millas de distancia de esas mujeres
con vestidos de algodón, que hace veinte
años me enseñaron la reglas de la práctica a
mí, la aprendiz, la novicia, la niña mujer:
"No salgas sin taparte la cabeza, niña, has
estado tostando café, ¡y te va' a pa'mar!"[4]
"Esto de café en el colador, niña, o servirás
agua marrón." "Pon la palangana en el río,
para que salga el lodo." "Pela los plátanos
verdes debajo del agua, mi'jita[5], o te cortarás
los dedos y te mancharás y la mancha
nunca sale; la savia negra del guineo verde y
del plátano, la mancha que te marca para
siempre".

Por eso, pelo los plátanos verdes bajo el
agua del grifo, pero la mancha no sale, y el
sutil aroma del guineo verde me persigue,
por las montañas, por las ciudades, por
lugares donde las siembras de plátanos
verdes son como un sueño verde,
inimaginables durante el día. Chicago, New
Hampshire, Oakland. Viajo millas en el
autobús para llegar a los mercados de los
inmigrantes de otros pueblos y regreso a
casa cargada de paquetes. Y de vez en

---

1. **palangana:** receptáculo ancho y profundo
2. **rabillo del ojo:** de reojo
3. **triturando:** rompiendo en pedacitos pequeños

4. **¡y te va' a pa'mar!:** ¡y te vas a pasmar!
5. **mi'jita:** mi hijita

cuando, sobre las mesas
adornadas con manteles de
plástico en los supermercados,
encuentro un pequeño racimo
verde para llevar a casa, rápido,
antes de que maduren, para pelar
y hervirlos, deleitándome con el
aroma de su cocción, trayendo
ahora el flujo del río a mi cocina,
el río de mi lugar en la tierra, el
verde y húmedo río de mis
abuelas, goteando, cayendo,
derramándose de las cocinas de
mi gente en la montaña.

Palabras básicas

cocción: acción de cocinar

Responde

¿Qué comidas te hacen
recordar a tu familia y a tu
tradición cultural?

**Aurora Levins
Morales** nació
en Puerto Rico
en el año 1954. Es hija de un nortea-
mericano judío y de una puertorriqueña.
Ella dice que fue criada con "libros y justicia social". Levins Morales empezó a
escribir poesía a los siete años. Con su
madre, escribió un libro de poesía titula-
do *Getting Home Alive*, sobre la vida de
dos mujeres puertorriqueñas nacidas en
distintos lugares pero que comparten la
misma tradición cultural.

Niños campesinos

Canción chicana

Como a la una, dos, tres, cuatro, cinco,
seis de la mañana,
el sol calienta ranchos anchos y de luz
todos los baña.
5 Y a esos campos van los niños campesinos
sin un destino,
sin un destino,
son peregrinos de verdad.

Van de camino los veranos, inviernos,
10 y primaveras,
cruzando estados y condados[1] y ciudades
extranjeras
como las golondrinas van bajo los
cielos,
15 dándose vuelo,
dándose vuelo,
de sus anhelos de verdad.

Van a los files[2] de la uva, betabel[3] y
de manzana,
20 y allí los niños se la pasan todo el día
entre las ramas,

---

1. condados: territorios
2. files: campos, (*fields* en inglés)
3. betabel: remolacha

Palabras básicas

peregrinos: personas que viajan
por tierras extrañas
anhelos: deseos vehementes

de sol a sol hasta que llegan
pagadores
dándoles flores,
25   dándoles flores,
para dolores de verdad.

Pero algún día esos niños serán hombres
y mujeres,
trabajadores campesinos que defienden
30   sus quereres[4],
y mano en mano tomarán otro camino
con un destino,
con un destino,
para campesinos de verdad.

35   Como a la una, dos, tres, cuatro, cinco,
seis de la mañana,
el sol calienta ranchos anchos y de luz
todos los baña.
Y a esos campos sólo van los
40   esquiroles[5].
¡Viva la huelga!
¡Viva la huelga!
¡Viva la causa de verdad!

---

4. quereres: afectos, intereses
5. esquiroles: obreros rompehuelga

 **Responde**

¿Qué personaje, real o ficticio, te inspiraría a escribir una canción? Explica.

Las canciones, al igual que las leyendas y los cuentos tradicionales, se transmiten oralmente de generación en generación y generalmente están basadas en las hazañas de personajes reales o ficticios.

La danza dentro de mi corazón

Pat Mora

Traducción de Marcela Ghiara

Heart for Harry Dan Potash

Para un habitante del sudoeste, la temprana primavera del medio oeste es tiempo de júbilo. Otro invierno sobrevivido. ¿Por qué, entonces, en un otro tierno sábado de primavera elegiría yo dejar los sanguiñuelos y narcisos, y pasar el día dentro de museos?

Ciertamente, no he pasado mi juventud soportando excursiones a través de salones solemnes, siendo introducida a la "cultura". Sólo había un pequeño museo de arte en mi pueblo, y no estoy segura qué cómodos se hubieran sentido mis padres allí. Mi padre trabajaba por las tardes y fines de semana para mantenernos a nosotros cuatro y darnos lo que él y mi madre no habían tenido, una juventud sin preocupaciones financieras. Y mi madre no sólo lo ayudaba en su negocio de óptica, sino que era además nuestro chofer a disposición, y adulaba a la abuela y tía que vivían con nosotros, nuestra extensa familia méxico-americana.

Pero, siendo adulta, comencé a visitar esos edificios sonoros. Una beca me brindó la posibilidad de hacer viajes y visitar modestos y grandes museos en Nueva York, París, Washington, México, Hawai y la República Dominicana. Y, para mi gran sorpresa, me encontré dirigiendo por un tiempo un pequeño museo de una universidad, lo cual me permitió convencer a la gente de todas las edades y orígenes de que los museos realmente les pertenecían a ellos. Quedé atrapada para siempre. Para mí, los museos son paraísos de placer. Cuando entro a ellos mi respiración varía su ritmo como cuando visito acuarios, zoológicos y jardines botánicos. Estos últimos sitios ofrecen una exposición sobresaliente de las especies vivas. A menos que hayamos perdido totalmente el interés por el grandor de la naturaleza, por sus variaciones infinitas, los centros naturales nos inspiran a tratar nuestro planeta con mayor cuidado, a estar más atentos a la vida que nos rodea, no importa en qué momento.

Me detengo frente al vívido camarón en el cristal, a la suntuosidad del jaguar, a la altivez de las aves del paraíso en flor. Los loros me hacen reír, las aletas me agitan la sangre, los helechos disipan mis dudas. Salgo renovada. Cuando eran más jóvenes, mis hijos podían comprender con mayor facilidad mi deseo de visitar exposiciones de criaturas vivientes que mi propensión a visitar museos de historia natural y museos de arte, mi contemplación de canastas y objetos de cerámica, de esculturas y neones luminosos. Parecía como una labor que consistía en caminar de una habitación a la otra, subiendo y bajando escaleras, permaneciendo relativamente quieta, sin comer, leyendo pequeños textos, escudriñando "raros" objetos. ¿Es esto divertido?

Pero los museos me recuerdan la fuerza y la inventiva de la imaginación humana a través de los tiempos. Me recuerdan que el brindar belleza a una comunidad es un hábito humano, recordatorio necesario en una sociedad con escaso tiempo dedicado a la observación, a la acción de escuchar y de apreciar. Yo miro las máscaras africanas encostradas con conchas de cauri, tambores y tallas hechos de vieja y arrugada madera, la serenidad de Buda. Observo a los visitantes, atraídos hacia los estantes tanto por la belleza o habilidad artesanal como por el testimonio dejado por los humanos que una vez se sentaron bajo nuestro sol y nuestra

luna, y con sus rústicas manos agraciaron nuestro mundo.

Sigo caminando para ver las robustas figuras femeninas colombinas de Nayarit, México, mujeres de grandes dimensiones que ocupan espacio en vez de encogerse como a veces nosotras lo hacemos. Veo tubos de platillo y flautas de hueso de Perú, del año 180 antes de Cristo. En aquellos tiempos, en

Palabras básicas

brindar: dar, ofrecer

independencia de ver a mi antojo, el privado placer de permitirme dejar de lado el orden y la lógica de una sala a la otra.

¿Falta de propósito? No exactamente. Como ahora lo sé, vengo no sólo por estimulación intelectual y sensorial, sino para estar con los seres que yo admiro, con aquellos seres que crearon estos tambores, estos bailarines que respiran, con aquéllos que pensaron que el paso del tiempo sumaría belleza a este mundo. Su trabajo me da esperanza, me recuerda que el arte no es un lujo: nutre nuestro reseco espíritu, es esencial.

Pienso nuevamente qué privilegiada soy de estar en estas salas silenciosas, sin tener que esperar por un día libre, teniendo tiempo de maravillarme en estas galerías en vez de tener que cuidar niños ajenos cuando los míos están solos, o teniendo que planchar prendas que yo nunca usaré.

Y ciertamente días libres y programación pública en crecimiento —la democratización de los museos— representan un progreso comparado con épocas anteriores, un reconocimiento. Sin embargo, a veces, de mala gana se acepta que no sólo "la gente bien" merece entrar. De a poco los museos están cambiando, dándose cuenta de que los objetos y el arte en general pertenecen a toda la gente, no solamente a algunos.

Los museos ahora se avergüenzan un poco de cómo adquirieron lo que poseen, de cuán arrogantemente escoltaron a ciertos grupos a atravesar sus pulidas puertas. Los rostros que nos acompañan se han vuelto más variados en los últimos tiempos.

Sigo caminando. Yo, que difícilmente pego un botón, analizo los adornos de un acolchado, agradecida de que semejante trabajo de esas mujeres esté siendo ahora expuesto. Pienso en los delicados dedos y, probablemente, delicadas voces que

la altura de los Andes, escucho a un hombre tranformando en música su respiración.

De sala en sala veo la luz y la sombra jugar sobre superficies de arenisca, plata, madera, bronce, arcilla, cobre, marfil, paja, óleo, acrílico, acuarela, cáñamo, oro. Estudio las uñas de los pies de una estatua de mármol sin cabeza, observo cómo la luz modela las suaves curvas. Ojalá yo pudiera tocar su romana mano extendida.

En la próxima sala o doblando una esquina, la sorpresa puede ceder en pasillos y salas a un laberinto de placer. Me paro frente al claro azul de Chagall, veo su pájaro de cristal listo a volar de sala en sala.

Ignoro los cuidadosos mapas de museos, disfrutando de lo inesperado, de la

Palabras básicas

acuarela: pintura que se hace con colores diluidos en agua
acolchado: cobertor relleno de plumón o de otras cosas, que se pone sobre la cama para adorno o abrigo

produjeron esas obras. El texto inscrito sobre un bronce de Siva[1] dice que su danza tiene lugar dentro de su corazón, en la naturaleza privada de esa primavera de emociones. Veo un grupo de jovencitas pasando a mi lado y me pregunto si podrán escuchar o sentir su íntima danza en un mundo que iguala ruido y brutalidad a entretenimiento.

Las galerías de arte contemporáneo en su mayoría desconcertaban a mis hijos cuando eran jóvenes. "¿Por qué? ¡Yo pude hacer eso!" Se mofarían al contemplar un Jackson Pollock.[2] "¿Dónde están nuestras salas preferidas?", queriendo decir sí, aquéllas con lienzos monumentales, con pinturas por doquier, las salas que me liberan por dentro, que proveen una salida de los confines[3] de lo predecible.

Salgo afuera feliz de respirar a cielo y viento, pero también desbordándome con todo lo que he visto y sentido, escuchando la danza dentro de mi corazón.

---

1. **Siva:** uno de los dioses en la religión Hindú
2. **Jackson Pollock:** artista contemporáneo muy conocido de los Estados Unidos
3. **confines:** términos que dividen y señalan los límites de cada uno

Palabras básicas

desbordándome: rebosándome; dando a entender de algún modo y con viveza algún sentimiento

Responde

¿Compartes los sentimientos de Mora sobre los museos? Explica.

Además de ser poeta y maestra, **Pat Mora** ha tenido también su propio programa de radio llamado *Voces: el méxicoamericano en perspectiva*. Fue premiada por la Asociación Nacional de Estudios Chicanos por sus obras, y por la Universidad de Texas por sus contribuciones a la causa de los hispanos.

Mora dice: "Escribo, en parte, porque las perspectivas hispanas deben ser parte de nuestra tradición literaria y quiero ser parte del proceso de revalidación. También escribo porque me fascinan el placer y el poder de las palabras."

La danza dentro de mi corazón 133

Analiza la lectura

Recuerda

1. ¿Qué comidas prepara la narradora en *Las cocinas*?
2. ¿Cómo es la vida de los niños en *Niños campesinos*?
3. En *La danza dentro de mi corazón*, ¿qué dice Mora sobre las experiencias de sus hijos en los museos?
4. ¿Qué técnicas usan las autoras de *Las cocinas* y *La danza dentro de mi corazón* para dar vida a sus recuerdos?

Interpreta

5. ¿Por qué es especial la experiencia de preparar la comida para la autora de *Las cocinas*?
6. ¿Por qué el poema *Niños campesinos* termina con los versos "¡Viva la huelga! ¡Viva la causa de la verdad!"?
7. ¿Qué experiencia en el museo le afecta más a Mora, en *La danza dentro de mi corazón*?

Avanza más

8. Además de las recetas familiares, ¿qué otras cosas heredamos de las generaciones pasadas de nuestras familias?
9. ¿Qué le dirías a un grupo de niños para ayudarlos a apreciar una visita al museo?

Para leer mejor
Cómo inferir el propósito del autor

Cuando lees, descubres los detalles que nos dan los escritores sobre sus experiencias. Ellos usan los detalles para dar vida a sus temas, y para lograr un **propósito** o efecto deseado. El autor puede tener una variedad de propósitos: dar información o expresar sentimientos u opiniones. Muchas veces el escritor no revela su propósito directamente. El lector debe, entonces, **inferir**, o sea, descubrir dicho propósito a través de los detalles, y así llegar a una conclusión razonable e informada.

Ideas para escribir

Estos textos mencionan la importancia que adquieren las comidas, los sueños y las visitas a lugares especiales.

Ensayo detallado Escribe un ensayo dando detalles sobre la preparación de una comida predilecta de tu familia. Incluye la descripción de cómo y cuándo se comparte esa comida.

Punto de vista Imagínate que eres una obra de arte famosa, por ejemplo un cuadro o una escultura en un museo. En un ensayo personal, expresa tu opinión sobre lo que te rodea y sobre la gente que viene al museo a mirarte.

Ideas para proyectos

Libro de recetas multiétnico Prepara un libro de recetas multiétnico. Pídele a cada miembro de la clase que aporte una receta. Recopila y organízalas. Si es posible, agrega fotos o ilustraciones. Distribuye copias del libro a la clase.

Muestra de arte Prepara una muestra de obras de arte o de artefactos. Escoge un tema y organiza la exposición usando etiquetas para identificar los trabajos. Solicita la opinión de compañeros de clase sobre la muestra.

¿Estoy progresando? Escribe en tu diario las respuestas a las siguientes preguntas:

¿Cómo me ayuda el análisis de los detalles sensoriales a apreciar los textos?

¿De qué manera me ayudan a entender mejor las inferencias el propósito del autor?

Presentación

La canción de María Martínez
de Teresa Palomo Acosta
El último elefante blanco de Marta Osorio

¿Qué personas y acontecimientos son fuente de tu inspiración?

Aplica lo que sabes

El ambiente que nos rodea desde el nacimiento influye sobre nosotros. Las experiencias vividas durante la niñez nos acompañan toda la vida. La tradición oral o los cuentos que nos cuentan, porque pasan de generación en generación, también contribuyen al aprendizaje. Tal vez recuerdes detalles de tales narraciones, como el lugar donde se desarrollaron y el tiempo en el que ocurren.

Con un compañero(a), haz las siguientes actividades:

- Intercambien cuentos que hayan escuchado cuando eran más chicos, que son parte de sus respectivas tradiciones familiares.
- Describan las respectivas reacciones de ustedes y de otros en la familia, a esos cuentos.

Lee activamente

Cómo identificar detalles de lugar y de tiempo en los cuentos tradicionales

Los **cuentos tradicionales**, como por ejemplo *El último elefante blanco*, son historias que se han contado por siglos y que son escritas por los autores modernos. Los poemas sobre las **tradiciones**, como *La canción de María Martínez*, nos permiten aprender sobre las mismas desde el punto de vista de la voz narrativa. Mientras vas leyendo, piensa en el ambiente de cada una, y anota los detalles sobre lugar y tiempo en una tabla como la siguiente:

Título	Detalles de lugar	Detalles de tiempo
La canción de María Martínez		
El último elefante blanco		

La cancion de Maria Martinez

Teresa Palomo Acosta
traducido por Marina Harss

¡Oh! calabaza para agua
¡Oh! vasija para llenar
De fruta y nueces,
Te vengo a hacer de la arcilla negra de montaña
5   Que nuestra madre la tierra nos ha dado a los Tewa.[1]

¡Oh! arcilla negra de montaña vengo a levantarte
Para hacer formas que son lisas al tacto,
Lisas como la frente de un niño
Y
10   Tan frescas para descansar mi cabeza en un día de verano.

Y asi canto alabanzas a la tierra.
Y asi canto alabanzas a la tierra.

_____
1. Tewa: tribu indígena

Palabras básicas

alabanzas: elogios

Vengo a formarte
Como recipientes de vida,
15 Tesoros de belleza de los Tewa.

Y asi alabanzas a la tierra canto.
Y asi alabanzas a la tierra canto.

¡Oh! arcilla negra de montaña te vengo a honrar moldeandote
Justo a la buena forma, al buen tamaño.

20 Vengo a honrar la tierra negra y parda poniendote
En el fuego por mucho tiempo para que brilles
Como debes con tu amor por los Tewa.

Asi canto las mayores alabanzas de la tierra.
Asi canto las mayores alabanzas de la tierra.

25 ¡Oh! calabaza
¡Oh! vasija
Nacen de la labor de mis manos,
la fuerza de mi corazon,
Para dar alegria cada dia.
30 Mantienes siempre dulce el agua al paladar.
Meces nuestra cosecha de fruta y nueces
Siempre segura.

¡Oh! arcilla negra de montaña es hermosa la vida
Que me has dado,
35 Alfarera Tewa.

Todo esto canto mientras trabajo.
Todo esto canto mientras trabajo.

Palabras básicas

recipientes: vasos, jarras o vasijas que contienen algo
alfarera: persona que hace vasijas de barro

Teresa Palomo Acosta
nació en Texas en el año 1949. En su niñez, gozaba con los cuentos de su abuelo sobre su infancia en México y su vida de vaquero. Recuerda que estos cuentos la inspiraron a leer. Siguió los pasos de su abuelo y frecuentemente, usa sus versos para recordar y celebrar la historia de su familia y su tradición cultural mexicana.

Responde

¿Qué actividades te dan ganas de cantar mientras las haces?

EL ÚLTIMO ELEFANTE BLANCO

Marta Osorio

En un antiguo reino de la India había una vez un rey que poseía todo lo que se puede poseer en la tierra.

El rey vivía en un hermoso palacio de mármol blanquísimo rodeado de jardines.

En sus grandes salones podían admirarse lámparas de oro y de plata, muebles de maderas preciosas y tapices magníficos. Se decía que los brillantes, las perlas, las esmeraldas, los topacios, los rubíes y los zafiros se amontonaban en las arcas de su tesoro.

Pero lo que al rey le hacía sentirse más orgulloso era que también poseía un único y rarísimo elefante blanco.

El animal vivía en el palacio, celosamente guardado. Tres criados cuidaban de él. Lo cepillaban y limpiaban constantemente para que no perdiera un átomo de su blancura. Lo sacaban a pasear por los jardines cuando aún el sol no se había remontado en el cielo, pues temían que sus rayos fuesen a tostar aquella piel tan preciada.

Tres veces al año, en las grandes solemnidades, el elefante blanco tenía que pasear por toda la ciudad al rey sentado en un palanquín.[1]

Varias semanas antes de la fiesta empezaban los preparativos.

El maestro de ceremonias se ocupaba de que el elefante hiciera ejercicios, obligándole a arrodillarse y levantarse cuando él se lo ordenaba. Durante muchas noches untaban el cuerpo del animal con aceite de coco, para que su piel fuera adquiriendo un brillo todavía mayor. Y cuando llegaba el día señalado, después de bañarlo y cepillarlo con más cuidado que nunca, lo iban cubriendo con finísimos polvos de arroz que hacían su blancura más resplandeciente. Luego

Palabras básicas

mármol: piedra caliza dura que se pule para ornamentar edificios y se esculpe para hacer estatuas

tapices: telas para adornar las paredes

---

1. palanquín: silla llevada por varios hombres o sobre el lomo de un animal

pintaban grandes flores azules alrededor de sus ojos, colgaban dos hermosas perlas de sus orejas y le echaban una gran colgadura de seda recamada[2] en oro sobre su lomo, sujetándole encima el palanquín. Que era como un palacio pequeñito, con su cúpula dorada incrustada de piedras preciosas y grandes cojines de terciopelo rojo, para que el rey se sentara sobre ellos y todo el pueblo pudiera admirarle.

Al elefante blanco lo trajeron casi recién nacido, como botín[3] de guerra, de las tierras de Birmania.

—Se llamará Kamala —dijo el rey complacido al mirarlo—, pues tiene la blancura de las flores del loto.

Y Kamala fue creciendo en el palacio, cautivo y solitario, sin conocer la alegría de correr libremente por la selva y vivir entre iguales.

Y ocurrió que aquella primavera, cuando el calor se hacía sentir ya con fuerza, una tribu de monos vagabundos se instaló en los jardines que rodeaban el palacio. Se les veía saltar y correr alegremente entre los árboles, trepar por las altas palmeras en busca de los dátiles más dulces, apoderarse de los cocos más hermosos sin ningún miramiento[4] y escoger las frutas más maduras con una gran tranquilidad.

Los criados del rey corrieron a dar cuenta de lo que sucedía al intendente de palacio. Este se lo comunicó con toda urgencia a los ministros. Y todos los ministros corrieron a su vez para advertir al rey.

Era la hora más calurosa del día y el palacio entero reposaba. Los ministros atravesaron patios y galerías hasta llegar a la cámara real. El rey estaba recostado entre almohadones, oyendo tocar el laúd[5] a un músico extranjero recién llegado, mientras que sus criados agitaban grandes abanicos de plumas para darle aire.

Los ministros se arrodillaron ante el rey y bajaron la cabeza hasta tocar el suelo, esperando a que su señor hablase.

—¿Qué sucede? —les preguntó éste.

Y el primer ministro, que tenía el oído finísimo para notar si la cólera amenazaba en la voz del rey, mumuró con cuidado:

—Señor, los monos han invadido el jardín. ¿Qué hacemos?

El rey no contestó nada, frunció el ceño y, levantándose, se acercó para mirar hacia afuera. Los ministros, que le habían seguido a una distancia prudente, miraron también con cara de circunstancias. Por el balcón entornado llegaba el guirigay[6] de los monos, se les podía ver cruzar los jardines en todas direcciones bajo la brillante luz del sol.

El rey se quedó mirándoles sin decir palabra y después sonrió y todos los ministros sonrieron también.

—Que se les deje en paz —ordenó el rey.

—Que se les deje en paz —repitió el primer ministro, coreado por todos los demás ministros, al intendente de palacio.

—Que se les deje en paz —volvió a repetir el intendente, dirigiéndose a los servidores.

Entre los monos recién llegados había uno que se llamaba Raktamukha, que era el más alegre, el más vivaracho y el más curioso de todos los monos.

Cuando Raktamukha hubo comido lo suficiente para aplacar su hambre y recorrido todos los jardines sin dejar ningún rincón por visitar, se acercó al palacio y empezó a curiosear también. A través de una ventana enrejada descubrió a Kamala, el elefante blanco, como siempre aislado y en penumbra pues incluso temían que la luz pudiera perjudicar el color de su piel.

Raktamukha empezó a saltar agarrado a los barrotes de la ventana para llamar la atención del elefante.

---

6. **guirigay:** ruido confuso de voces o gritos

Palabras básicas

penumbra: sombra débil entre la luz y la oscuridad

---

2. **recamada:** bordada de realce
3. **botín:** despojos recogidos en la guerra
4. **miramiento:** consideración
5. **laúd:** instrumento musical de cuerdas

—¡Eh, tú!, ¿qué te pasa?...

Kamala levantó los ojos y miró con asombro, ya que no estaba acostumbrado a que nadie le dirigiese la palabra.

—¿Estás enfermo? —volvió a preguntar Raktamuka—, porque tienes un color...

Kamala volvió a mirarle con más asombro todavía, no podía comprender que hubiese alguien tan ignorante como para no saber que él era el único elefante blanco.

—Éste es mi color —aclaró Kamala—, soy un elefante blanco y formo parte del tesoro del rey.

En aquel instante los criados entraron para someter al elefante a la cuarta cepillada del día. Raktamukha se acurrucó en la ventana y siguió mirando sin perder detalle. Cuando los criados acabaron de cepillar a Kamala por todos lados y se fueron, Raktamukha volvió a hablar.

—No me extraña que estés así de blanco, con tantos restregones... Desde luego eres raro —añadió mirándolo con detenimiento—, porque yo he conocido a muchos elefantes iguales a ti, pero todos tenían un color más oscuro y más sano y vivían de otra manera.

Y Kamala, que no sabía nada de todo lo que existía más allá de los cuatro muros del palacio, empezó a enterarse por Raktamukha de que la vida afuera podía ser muy diferente.

El mono se acercaba todos los días a la reja para visitar a su amigo. Por él supo Kamala de las extensas selvas, donde grandes familias de elefantes viven en libertad, cerca de la pantera, el tigre y la serpiente. De la fuerza con que estalla la primavera en aquel mundo salvaje; del calor asfixiante al final del verano en que parece que todo va a morir abrasado; de la alegría de las primeras lluvias, cuando el agua caída del cielo empapa la tierra y baña las plantas y los animales haciéndoles recobrar nueva vida.

A Kamala cada vez se le hacía más insoportable pertenecer al tesoro del rey y vivir tan guardado como si fuera una piedra preciosa, sólo por el color de su piel. Y hubiera dado algo, si algo hubiera tenido, a cambio de volver a la selva lejana donde debió nacer y que no recordaba.

Un día, Raktamukha llegó a ver a Kamala dando más saltos que nunca.

—¡Qué noticia te traigo, Kamala! ¡Qué noticia! —dijo excitadísimo—. Acabo de descubrir en una de las grutas del jardín la entrada a un pasadizo secreto. Me he metido por el subterráneo y he llegado hasta el final y ¿a qué no sabes dónde terminaba?... Pues más allá de la ciudad, en pleno campo.

Kamala se quedó sin aliento al oír la noticia. Y los dos amigos decidieron aprovechar la primera ocasión que se presentara para escapar juntos.

Una noche en que les pareció que había llegado el momento, Raktamukha se introdujo en el palacio por la puerta del servicio, se escondió dentro de un enorme jarrón de porcelana de China y allí esperó a que el palacio quedase completamente silencioso. Aguardó todavía a que pasaran los soldados que hacían la ronda de noche, y cuando éstos se alejaron, se deslizó fuera de su escondite y, sin que nadie lo oyera, abrió la puerta de la gran nave donde guardaban a Kamala, lo guió hasta el jardín y juntos corrieron hacia la gruta y desaparecieron por la entrada del subterráneo.

—Agárrate a mi rabo con la trompa —le dijo Raktamukha a Kamala— y no tengas miedo.

Y así caminaron durante una hora, en la oscuridad más absoluta.

—Ánimo, ya se ve un poco de luz —dijo Raktamukha, que sentía resoplar detrás de él al elefante.

Al fin los dos amigos, jadeantes, salieron a campo abierto.

Kamala, lleno de alegría, empezó a saltar torpemente. Corría de un lado a otro, feliz de verse en libertad, levantando la trompa y dejando escapar un grito como nadie se lo había oído hasta entonces.

Palabras básicas

acurrucó: se encogió
pasadizo: paso estrecho que sirve para pasar de un lugar a otro

No había luna, pero el cielo tachonado[7] de estrellas enviaba una gran claridad.

Raktamukha, que también daba volteretas de contento, se paró de pronto mirando a su amigo, preocupado.

—Kamala —le dijo—, cómo brilla tu piel y qué blanco se te ve; todo el mundo te reconocerá en seguida, tenemos que hacer algo.

—Es verdad —dijo Kamala asustado.

—Hay que ensuciarte de alguna manera —advirtió Raktamukha.

—Ahora verás —contestó Kamala.

Y empezó a revolcarse por la tierra, muy contento de poder hacerlo sin que nadie se lo impidiera. En poco tiempo quedó tan sucio que resultaba imposible reconocer al único y raro elefante blanco.

—¡Magnífico! —dijo Raktamukha—. Vamos.

Los dos amigos volvieron a ponerse en camino. Iban, atravesando campos, resecos ya a causa del calor, cuando una luz venida del cielo los detuvo. Asustados, Kamala y Raktamukha se echaron al suelo.

—¿Oyes esa música? —preguntó Kamala a su amigo sin atreverse a hacer el menor movimiento.

—Sí, la oigo —le contestó Raktamukha con un hilo de voz.

Poco a poco levantaron la cabeza atreviéndose a mirar. Y vieron descender del cielo a la tierra, por una escala luminosa, la más brillante comitiva que pudiera imaginarse.

Se acercaba en primer lugar el dios Siva,[8] señor del mundo, el del gran ojo que todo lo ve. El de los cuatro brazos que mueve al girar tan rápidamente que parece estar completamente

---

7. tachonado: salpicado, manchado

8. Siva: divinidad hindú

quieto. Dios de la vida y de la muerte, refulgente y brillante como un sol, oscuro e invisible como la noche. Se le veía avanzar acompañado por toda la luz del universo.

Le seguía su esposa, la diosa Parvati,[9] tan hermosa como jamás se había visto mujer. De sus manos iban brotando sin cesar flores y frutos que dejaba en su camino. Y toda la belleza de los colores que existen en la tierra la rodeaba.

Venían después sus hijos. Eskanda,[10] dios de la guerra, duro y brillante como el acero, llamado y temido por los hombres. Llevaba su terrible espada desenvainada y a su paso se oía el fragor de cien batallas. El choque de las armas, el toque de los clarines, los gritos de los guerreros, el relinchar de los caballos, el gemido de los heridos.

Por último vieron acercarse a Ganesa,[11] el dios bondadoso y sencillo que tiene cabeza de elefante. El dios que atrae la buena fortuna, que ayuda a resolver problemas y salvar obstáculos.

El maravilloso cortejo fue pasando sin parecer reparar en Kamala y Raktamukha, que seguían echados en el suelo. Sólo Ganesa les hizo comprender que su presencia había sido advertida, pues los rozó al pasar con sus manos cargadas de poder, mirándolos sonriente como si adivinara el más escondido de sus deseos.

Y el fantástico desfile se fue alejando, desapareciendo con su música y sus luces.

Kamala y Raktamukha se miraron el uno al otro para segurarse de que no habían soñado. Y también ellos emprendieron la marcha, pues debían alejarse de la ciudad antes de que en el palacio se descubriera la desaparición del elefante blanco.

Caminaron sin descanso durante toda aquella noche. Y al amanecer llegaron a una

aldea de casitas con paredes de bambú y techos puntiagudos.

El cielo se había aclarado y empezaba a ponerse color naranja. Y las mujeres, con sus largos velos de preciosos colores y los cántaros sobre la cabeza, salían de sus casas camino de la fuente. Kamala y Raktamukha, que estaban rendidos por la caminata y tenían mucha sed, las siguieron.

Pero aquella mañana, las mujeres no reían ni cantaban como otras veces, mientras llenaban sus cántaros haciendo tintinear todas las pulseras que adornaban sus muñecas y sus tobillos. Estaban muy tristes. Miraban con angustia el escaso hilo de agua que brotaba de la fuente, pues parecía que iba a secarse cuando el fuerte calor hacía más insoportable los días del verano. A pesar de todo, como tenían buen corazón, dejaron que los animales se acercaran para aplacar su sed. Apenas Kamala y Raktamukha habían empezado a beber, cuando un gran chorro de agua volvió a correr de nuevo entre los gritos de asombro y alegría de las mujeres. Los hombres y los niños empezaron también a salir de sus casas queriendo enterarse de lo que pasaba. Y Kamala y Raktamukha aprovecharon todo aquel alboroto para escapar sin ser notados.

Y así, los dos amigos conocieron muchas otras aldeas y ciudades. A su paso, el agua de las fuentes volvía a brotar, aunque estaban en pleno verano, los árboles daban más fruto y los problemas se arreglaban. Y la voz de que un elefante y un mono, protegidos del dios Ganesa, eran portadores de la buena fortuna, empezó a correr de boca en boca.

Los rumores llegaron hasta el palacio. El rey, que estaba furioso porque, aunque se buscaba por todo el reino, no se encontraba al elefante blanco, dio orden a sus soldados para que le trajeran también a aquellos dos raros animales de los que la gente hablaba.

—Haré que me ayuden a encontrarlo, puesto que tienen tanto poder —se dijo el rey.

Mientras Kamala y Raktamukha seguían adelante por campos y montes. Dormían al raso, bajo las estrellas, comiendo y bebiendo lo que encontraban. Por los caminos se

---

9. Parvati: divinidad hindú

10. Eskanda: divinidad hindú

11. Ganesa: divinidad hindú

Palabras básicas

desenvainada: desenfundada

tropezaron con gentes muy diferentes, músicos y bailarines, acróbatas, encantadores de serpientes, vendedores ambulantes… Y Kamala, que cada vez estaba más sucio y más contento, jamás se había sentido tan feliz.

Un día encontraron a un hombre que parecía encontrarse muy débil, tendido bajo un árbol. Estaba desnudo y la ceniza cubría su cuerpo.

—¿No podríais ayudarme? —rogó al verlos—. Quisiera llegar a la Ciudad Santa antes de morir, pero no sé si podré…

El árbol bajo el que el hombre se encontraba era un mango. Raktamukha trepó por sus ramas hasta alcanzar unos frutos con que calmar el hambre y la sed de aquel desconocido. Kamala se arrodilló como otras veces lo hiciera para que el rey, con sus brillantes vestiduras, subiera sobre él, esperando a que aquel hombre se acomodara tendiéndose sobre su lomo. Y los tres juntos volvieron a emprender la marcha.

No llevarían dos horas de camino cuando un gran estruendo a sus espaldas les hizo volver la cabeza. Eran los soldados del rey que avanzaban hacia ellos.

—Nos alcanzarán sin remedio —dijo Kamala con tristeza.

Pues el elefante, abrumado por la carga, no podía apresurar el paso. Entonces el hombre que iba sobre el lomo les habló.

—Tal vez sea yo ahora quien pueda ayudaros. Raktamukha, métete entre las patas de Kamala —ordenó— y quedaron los dos completamente quietos. Ellos verán sólo lo que yo les haga ver.

Al acercarse los soldados, frenaron sus caballos, sorprendidos, se miraron unos a otros y acabaron por echarse a reír soltando grandes carcajadas.

—¿Quién era el que había creído ver un elefante, quién?... ¡Vamos, confundir un elefante con un peñón!...[12]

Dieron media vuelta y se alejaron levantando una gran polvareda al galopar.

—Ya podemos seguir— dijo el peregrino cuando los soldados se perdieron en la lejanía.

Y otra vez se pusieron a caminar. Kamala y Raktamukha iban maravillados de lo ocurrido, tanto que parecían haber perdido el habla. El calor era tan terrible como si la tierra entera fuese a empezar a arder y la marcha se hacía cada vez más difícil.

El hombre rogó a Kamala que lo dejase bajar de su lomo, pues ya se encontraba mucho mejor.

—Tengo que seguir mi camino. Y vosotros el vuestro —dijo mirándolos con amor.

Así que se despidieron y el peregrino se alejó en busca de la Ciudad Santa, llena de templos donde brillan las luces de miles de lamparillas encendidas por todas las gentes que vienen a rezar y a purificarse.

Y Kamala y Raktamukha siguieron adelante, bajo un sol de plomo.

Al cabo de algún tiempo Raktamukha se paró de pronto olfateando y miró hacia el cielo.

—¡Mira —dijo alegremente—, vienen las lluvias!

Una nubecilla se mecía ya sobre sus cabezas y no tardaron en seguirla grandes nubes grises que avanzaban hinchándose y creciendo hasta llenar todo el cielo. Retumbó un trueno a lo lejos y el aire trajo olor a tierra mojada, el cielo se puso aún más gris y de pronto el agua empezó a caer a torrentes.

Kamala y Raktamukha bailaban felices, dejándose bañar por la lluvia, abriendo la boca para que el agua aplacara también su sed.

—¡Kamala! —gritaba Raktamukha, mirando a su amigo con mucho detenimiento— ¡Cómo has cambiado!... ¡El agua te ha lavado y tu piel sigue siendo gris!

Y cuentan que Kamala, con Raktamukha, consiguió llegar al fin a la selva donde había nacido, viviendo una vida larga y feliz entre otros elefantes grises. Y desde entonces nunca más se ha vuelto a ver un elefante blanco sobre la tierra.

---

12. peñón: peñasco grande

Responde

¿Qué otros cuentos conoces en los cuales el héroe es un animal?

Marta Osorio nació en Granada, España, pero muy joven se trasladó a Madrid. Antes de empezar a escribir libros para chicos, fue actriz. En 1965 recibió el "Premio Doncel" por su cuento *El gato de los ojos color de oro*. El año siguiente recibió el "Premio Lazarillo" por el cuento *El caballito que quería volar*. También ha escrito obras de teatro. Muchos de sus cuentos están inspirados en relatos tradicionales.

Descubre el sentido

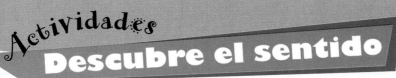

Analiza la lectura

Recuerda

1. En *La cancion de Maria Martinez*, ¿qué hace María mientras canta?
2. En *El último elefante blanco*, ¿por qué el rey estima tanto a Kamala?
3. ¿Qué información comparte Raktamukha con Kamala?

Interpreta

4. ¿Por qué Maria Martinez canta mientras trabaja?
5. ¿Por qué decide Kamala que quiere ver el mundo donde viven los otros elefantes?
6. ¿Por qué los dioses ayudan a Kamala y a Raktamukha?

Avanza más

7. Di si Maria Martinez es una heroína. Di si Kamala es un héroe.

Para leer mejor

Cómo comprender el ambiente en la literatura tradicional

Mientras leías los textos, seguramente encontraste detalles sobre el ambiente, o sea el tiempo y el lugar donde se desarrollaba la historia. En la literatura tradicional los ambientes te enseñan acerca de culturas y costumbres diferentes a las tuyas. Examina el diagrama que hiciste y contesta las siguientes preguntas:

1. ¿Qué detalles, en *La cancion de Maria Martinez*, indican el ambiente?
2. ¿Cuáles son los detalles que indican el lugar del cuento en *El último elefante blanco*?
3. ¿Sería posible ubicar *El último elefante blanco* en otro lugar o en otra época? Explica cómo cambiaría el cuento.

Ideas para escribir

A menudo, los héroes nos inspiran sin que nos demos cuenta. Piensa en los héroes, personas o animales, que te hayan inspirado.

Biografía Escribe la biografía de un héroe e ilústrala con un dibujo o una foto. Cuenta acerca de sus proezas y sobre cómo esta persona ha sido una inspiración para ti.

Poema Escribe un homenaje poético a alguien que te haya servido de inspiración. Describe sus hazañas y sus cualidades heroicas.

Ideas para proyectos

Montaje Con un grupo, recopila información sobre personas excepcionales en distintos campos, por ejemplo en las ciencias, el arte y la música. Busca fotos, ilustraciones y artículos sobre ellos y hagan un montaje con todo el material que hayan encontrado.

Acompañamiento musical Escoge una de las selecciones que has leído. Busca música que exprese el mismo tono y emociones de los textos. Graba la música y luego ponla suavemente mientras lees en voz alta para la clase una parte del texto.

¿Estoy progresando? Contesta las siguientes preguntas:

¿Cómo me ayudaron los detalles sobre el tiempo y el lugar a analizar el ambiente en las lecturas?

¿Cómo me puede ayudar este tipo de análisis en la comprensión de otras lecturas?

Escoge tu propio camino

Los proyectos........

Los textos que has leído en este capítulo, cuentan de personajes que tuvieron que superar obstáculos para alcanzar lo que querían. Las actividades siguientes te ayudarán a entender mejor el mensaje de las lecturas. Escoge dos o más de estas actividades para realizar proyectos que pongan en práctica lo que has aprendido.

Libro para niños Con un compañero o un grupo, escribe un libro para niños que sea divertido e informativo y que trate acerca de cómo tomar decisiones sobre el futuro. El libro puede ser un cuento o un ensayo, y debe utilizar ejemplos que representen los temas de este capítulo. Incluyan ilustraciones y escriban en forma clara y comprensible.

Espectáculo musical Con un grupo, prepara un espectáculo musical para celebrar el éxito de haber encontrado tu camino en la vida. Escoge los personajes y la música. Diseña un vestuario que revele claramente la personalidad de cada uno. Ensayen el espectáculo y preséntenlo a la clase.

La ruta del explorador Escoge a un explorador famoso y estudia a fondo la ruta que siguió. Recopila datos prestando especial atención a los obstáculos que tuvo que superar y a la ayuda que recibió en el trayecto. Traza la ruta del explorador en un mapa. Con la ayuda de ese mapa y de los datos que has recopilado, haz una presentación oral de la vida del explorador ante la clase.

Danko, el caballo que conocía las estrellas
José Antonio Panero

Danko, el potro de Grigor, es capaz de guiarse por las estrellas y tiene más fuerza que cuatro caballos juntos. Entiende el lenguaje de los hombres, aunque sólo obedece a su joven amo. Pero tantas virtudes traerán la desgracia del potro y el muchacho, porque la fama de Danko llega a oídos del ambicioso Pávrich…

Salven mi selva
Mónica Zak

Omar Castillo, joven mexicano, se empeña en salvar la selva cuando se da cuenta de que los adultos siguen talando la Selva Lacandona, y que algún día dejará de existir. Se preocupa muchísimo, y se junta con muchos jóvenes mexicanos para proteger la selva para que no deje de existir.

Las criptas de Kaua y otras leyendas
Editorial Labor Bolsillo Juvemil

Las criptas de Kaua y otras leyendas de América tienen nombres exóticos como el paisaje en el que se desarrollan sus aventuras. La historia y la fantasía se entremezclan para brindarle al lector los hechos más extraordinarios que estimulan la imaginación.

GLOSARIO

A

abolladuras (sing. *abolladura*) *f.*: Hundimientos hechos por golpes en la superficie de un objeto

abrasador *adj. m.*: Que quema

acuarela *f.*: Pintura que se hace con colores diluidos en agua

acurrucó (pret. de *acurrucarse*): Se encogió

ademán *m.*: Gesto, movimiento hecho con la mano

adivinanzas (sing. *adivinanza*) *f.*: Acertijos, especies de enigmas para entretenerse en acertarlos

aguaviva *f.*: Medusa, animal marino de cuerpo gelatinoso con tentáculos

alabanzas (sing. *alabanza*) *f.*: Elogios

alfarera *f.*: Persona que hace vasijas de barro

anhelos (sing. *anhelo*) *m.*: Deseos vehementes

antaño *adv.*: Tiempo anterior, tiempo pasado

arreando: estimulando a las bestias para que echen a andar o aviven el paso

arriesgarse *v.*: Atreverse, tomar un riesgo

astrólogos (sing. *astrólogo*) *m.*: Personas que practican la astrología

atrincada *adj. f.*: Pegada, arrimada a

azulejos (sing. *azulejo*) *m.*: Ladrillos vidriados pequeños de varios colores

B

balero *m.*: Juguete compuesto de un palo terminado en punta y una bola taladrada sujeta con un cordón, que se lanza al aire para ensartarla en el palo

banderolas (sing. *banderola*) *f.*: Banderas pequeñas

barracas (sing. *barraca*) *f.*: Viviendas rústicas, con techos hechos de caña

braceros (sing. *bracero*) *m.*: Trabajadores agrícolas temporales

brindar *v.*: Dar, ofrecer

budín *m.*: Dulce que se prepara con bizcocho o pan deshecho en leche, azúcar y frutas secas

burdas (sing. *burda*) *adj. f.*: Toscas, groseras

C

cabalgaron: Montaron a caballo

calaveras (sing. *calavera*) *f.*: Cráneos, cabezas de muertos

campo exterior *m.*: Parte del campo de béisbol, fuera del diamante de juego

canturreando (ger. *canturrear*): Cantando a media voz

carabela *f.*: Barco de vela

cartógrafa *f.*: Persona que hace mapas

cascarones (sing. *cascarón*) *m.*: Cáscaras de huevos

cazuelitas (sing. *cazuelita*) *f.*: Pequeñas vasijas que sirven para guisar

charro *m.*: Jinete que usa un traje especial y lleva un sombrero muy pintoresco

cocción *f.*: Acción de cocinar

cónicas (sing. *cónica*) *adj. f.*: Que tienen forma de cono

cordillera *f.*: Fila de montañas

criollo *adj. m.*: Se refiere a la mezcla racial latinoamericana

D

derrumbes (imp. de *derrumbar*): Caigas

desbordándome (ger. de *desbordarse*): Rebosándome; dando a entender de algún modo y con viveza algún sentimiento

desconcierto *m.*: Desorden, desavenencia

desenvainada *adj. f.*: Desenfundada

dilatado (part. de *dilatar*): Extendido

discriminación *f.*: Trato desigual hacia grupos étnicos

distraídamente *adv.*: Sin poner atención

dominicano *adj. m.*: Natural de la República Dominicana

E

elevador *m.*: Ascensor

empedrado *m.*: Pavimento hecho con piedras

ensabanaba (imperf. de *ensabanar*): Cubría como una sábana

esbelto *adj. m.*: Airoso, descollado, bien formado

F

flamear *v.*: ondear, ondular

fornido *adj. m.*: Corpulento y robusto

G

galera *f.*: Barco antiguo de vela y remo

golilla *f.*: Cuello alto de la ropa de los nobles o las autoridades

gruta *f.*: Caverna natural en las rocas o las montañas

H

hija de crianza *f.*: Niña que se cría bajo la tutela de personas que no son sus padres biológicos

hilera *f.*: Fila

hojalata *f.*: Hoja de lata

humedecidos (sing. *humedecido*) *adj. m.*: Ligeramente mojados

I

incendio *m.*: Gran fuego que arde y consume lo que encuentra a su paso

indemnes (sing. *indemne*) *adj. m.*: Sin daños, sin lastimarse

ingratitud *f.*: Falta de reconocimiento por lo que hacen los otros por uno

interina *adj. f.*: Asistencia, criada

J

jadeando (ger. de *jadear*): Respirando trabajosamente

jornaleros (sing. *jornalero*) *m.*: Personas que trabajan por una temporada, especialmente campesinos

L

lanzador *m.*: El que arroja la pelota, *pitcher*

llanura *f.*: Superficie de terreno plana, sin montañas

lúdico *adj. m.*: Relativo al juego

M

machaca *f.*: Trituración, molienda

mangos (sing. *mango*) *m.*: Frutos de los árboles del mismo nombre

maquinilla *f.*: Máquina de escribir

mármol *m.*: Piedra caliza dura que se pule para ornamentar edificios y se esculpe para hacer estatuas

mástil *m.*: Palo colocado verticalmente en un barco para sostener la vela principal

matracas (sing. *matraca*) *f.*: Instrumentos de percusión de madera que producen un sonido seco y desapacible

mellas (sing. *mella*): Huecos

mesquite: Árbol de cuyas hojas se saca un extracto para el tratamiento de inflamaciones de ojos, oriundo de América

miró de reojo (pret. de *mirar*): Miró con disimulo, por encima del hombro

monótonos (sing. *monótono*) *adj. m.*: Sin variaciones

morro *m.*: hocico abultado

N

nopal Planta de la familia cactícea cuyo fruto, el higo chumbo, es comestible

nostalgia *f.*: Tristeza asociada con el recuerdo de algún bien perdido

nudosa *adj. f.*: Con nudos, desnivelada

Nueva España *f.*: Nombre que se dio a México durante la época de la dominación española

O

oliente *adj. m.*: Que exhala olor

opciones (sing. *opción*): Libertad de elegir, alternativas

orfebre *m.*: Persona que trabaja con metales preciosos

P

palangana *f.*: Vasija ancha y poco profunda que sirve especialmente para lavarse la cara y las manos

palmo a palmo *adv.*: Completamente

parieron: Dieron a luz, trajeron hijos al mundo

parras (sing. *parra*) *f.*: Viñas trepadoras

parsimoniosamente *adv.*: Muy despacito

pasadizo *m.*: Paso estrecho que sirve para pasar de un lugar a otro

pastor *m.*: Persona que cuida el ganado

patatas (sing. *patata*) *f.*: Palabra usada solamente en España que significa *papas*. Se dice *papas* en Latinoamérica

peñascos (sing. *peñasco*) *m.*: Piedras grandes y escarpadas

penumbra *f.*: Sombra débil entre la luz y la oscuridad

peregrinos (sing. *peregrino*) *m.*: Personas que viajan por tierras extrañas

picaflor *m.*: Colibrí, ave americana muy pequeña de colores brillantes, alas y cola largas, de pico delgado

piñatas (sing. *piñata*) *f.*: Ollas llenas de dulces que, en los bailes de máscaras, suelen colgarse del techo para que procuren los concurrentes, con los ojos vendados, romperlas con un palo

piruetas (sing. *pirueta*) *f.*: Movimientos ágiles

pizcador *m.*: Recogedor de una cosecha

planicie *f.*: Sinónimo de llanura

por cuenta *adv.*: Solo, sin que nadie se lo indique

Posadas de Navidad *pl. f.*: (Mex) Nueve fiestas que se celebran antes de la Navidad

primera base *f.*: Primera almohadilla alcanzada por el bateador, después de batear, para anotar una carrera

priva (pres. de *privar*): Abunda, predomina

R

rebozos (sing. *rebozo*) *m.*: Mantos; prendas que usan las mujeres para cubrirse la cabeza

receptor *m.*: El que recibe la pelota si el bateador no batea, *catcher*

recio *adj. m.*: Fuerte, robusto, vigoroso

recipientes (sing. *recipiente*) *m.*: Vasos, jarras o vasijas que contienen algo

rectoría *f.*: Oficina de la casa parroquial

rehuido (part. de *rehuir*) *m.*: Evitado

resplandor *m.*: Brillo reluciente

ronca *adj. f.*: Que hace un sonido grave y áspero

S

sancocho *m.*: Cocido hecho con carne, yuca, plátano u otros ingredientes

se despechaba (imperf. de *despecharse*): Se esforzaba

segunda base *f.*: Segunda almohadilla alcanzada por el bateador en el proceso de anotar una carrera

sequía *f.*: Falta prolongada de lluvias que causa disminución o desaparición de las corrientes de agua

singular *adj. f.*: Original

sinsabores (sing. *sinsabor*) *m.*: Disgustos

sofocada *adj. f.*: Agitada

soliloquio *m.*: Conversación con uno mismo, monólogo

sumidos (sing. *sumido*) *adj. m.*: Hundidos

surcos (sing. *surco*) *m.*: Cortes que hace el arado en la tierra, arrugas en la cara

T

talarlos (inf. *talar*): Cortar los árboles de un bosque

tapices (sing. *tapiz*) *m.*: Telas para adornar las paredes

telescópicas (sing. *telescópica*) *adj. f.*: Dícese de los objetos cuyos elementos encajan unos en otros, que se exitenden como un telescopio

topógrafa *f.*: Persona que mide los terrenos para trazar mapas

tortilla *f.*: Torta delgada hecha de maíz

trompo o perinola *m./f.*: Juguete de madera en forma de cono que se hace girar sobre su punta, lanzándolo con una cuerda

turpial *m.*: Pájaro americano de color negro con reflejos metálicos

V

veneciano *adj. m.*: Oriundo de Venecia, Italia

viña *f.*: Lugar donde crecen las uvas

Z

zumo *m.*: Jugo

Acknowledgments (continued)

Susan Bergholz Literary Services
"Buenos Hot Dogs" by Sandra Cisneros from *Cool Salsa*. Copyright © by Sandra Cisneros, 1994 in Spanish, published by Henry Holt; translated from the English in *My Wicked Wicked Ways,* Copyright © 1989 by Sandra Cisneros, published by Third Woman Press. Reprinted by permission of Susan Bergholz Literary Services, New York. All rights reserved.
"Names/Nombres" by Julia Álvarez. Copyright © by Julia Álvarez 1985. First published in *NUESTRO*, March 1985. Translated and reprinted by permission of Susan Bergholz Literary Services, New York.

Poldy Bird
"La casa donde me decían Poldita" by Poldy Bird from *Caramelos surtidos* , Ediciones Orión. Reprinted by permission of the author.

Antonio Elio Brailovsky
"Los bosques de Kublai Khan" by Antonio Elio Brailovsky from *Cuentos Verdes, El hombre y la naturaleza*. Copyright © Desde La Gente, Instituto Movilizador de Fondos Cooperativos C.L., 1993. Reprinted by permission of the author.

Editorial Cordillera
"Nostalgia" by Virgilio Dávila from Aromas del terruño, Editorial Cordillera, 12th edition, 1979. Reprinted by permission of Editorial Cordillera.

Firebrand Books
"Las cocinas" by Aurora Levins Morales from *Getting Home Alive*. Copyright © 1986 by Aurora Levins Morales and Rosario Morales. Translated and reprinted by permission of Firebrand Books, Ithaca, New York.

Juan Antonio de Laiglesia
"La madrastrita" by Juan Antonio de Laiglesia from *Antología de la literatura infantil Española/2*. Copyright © Carmen Bravo-Villasante. Copyright © Sixth edition: Editorial Doncel. Reprinted by permission of the author.

Gloria Fuertes
"La gallinita" by Gloria Fuertes from *Antología poética*, by Gloria Fuertes, PLAZA & JANES, S.A., © 1972. Reprinted by permission of the author.

GRUPO ANAYA, S.A.
"El robo del caballo de madera" by Joaquín Aguirre Bellver. Copyright © of the text Joaquín Aguirre Bellver, 1989. Copyright © GRUPO ANAYA, S.A., 1989. Reprinted by permission of GRUPO ANAYA, S.A.

Heirs of Nicolás Guillén
"Responde tú" by Nicolás Guillén from *¡Patria o Muerte! The Great Zoo and other poems by Nicolás Guillén*, Monthly Review Press. Copyright © 1977 by Robert Márquez. Reprinted by permission of the heirs of Nicolás Guillén.

Henry Holt and Company
"Jugo de Mango", Spanish translation by María Rosa Fort of original work by Pat Mora from *Cool Salsa* edited by Lori M. Carlson. Collection copyright (c) 1994 by Lori M. Carlson. Reprinted by permission of Henry Holt and Co., Inc.

Francisco Jiménez
"Cajas de Cartón" by Francisco Jiménez. Translated by the author and published in *The Bilingual Review*, January-August 1977. Reprinted by permission of the author.

Heirs of Juan Ramón Jiménez
"La carretilla" by Juan Ramón Jiménez from *Platero y yo/Platero and I*, Clarion Books. Text copyright © 1957 by Juan Ramón Jiménez. Reprinted by permission of the heirs of Juan Ramón Jiménez.

Heirs of Pablo Neruda, and Agencia Literaria Carmen Balcells, S.A.
"Mi primer poema" by Pablo Neruda from *Confieso que he vivido: Memorias*, Editorial Seix Barral, S.A., 1974 and 1978. Reprinted by permission of Agencia Literaria Carmen Balcells, S.A. and the heirs of Pablo Neruda.

LULAC News
"Los otros pioneros" by Roberto Félix Salazar, appeared in the *LULAC News*, July 1939.

Museum of New Mexico Press
"Chicoria" is reprinted with permission of the Museum of New Mexico Press, from *Cuentos: Tales From the Hispanic Southwest* by José Griego y Maestas and Rudolfo Anaya, copyright 1980.

Julio Noboa Polanco
"Identidad" by Julio Noboa, from *The Puerto Rican Journal of Contemporary Puerto Rican Thought*, Spring 1973. Translated and reprinted by permission of the author.

Marta Osorio
"El último elefante blanco" by Marta Osorio from *Antología de la literatura infantil Española/2*. Copyright © Carmen Bravo-Villasante. Copyright © Sixth edition: Editorial Doncel. Reprinted by permission of the author.

University of Arizona Press
"Voz" by Gabriel Olvera from *New Chicana/Chicano Writing*, edited by Charles M. Tatum, 1992.

University of New Mexico Press
"La danza dentro de mi corazón" from *Nepantla: Essays from the Land in the Middle* by Pat Mora. Copyright © 1993 University of New Mexico Press. Translated and reprinted by permission of University of New Mexico Press.

University of Puerto Rico Press
"En el bosque seco de Guánica" by Ángel Luis Torres. Copyright © 1994 Licensed by the University of Puerto Rico. Reprinted by permission of University of Puerto Rico.

Vintage, an imprint of Random House, Inc.
"Nos va a salir la cosa" from *Cuando era puertorriqueña* by Esmeralda Santiago. Copyright © 1993 by Esmeralda Santiago. Reprinted by permission of Vintage, an imprint of Random House, Inc.

Voices of Mexico
"Juguetes con la garantía del tiempo" by Mónica Ching Hernández from Voices of Mexico, October-December, 1994. Reprinted by permission of Voices of Mexico.

Note: Every effort has been made to locate the copyright owner of material reprinted in this book. Omissions brought to our attention will be corrected in subsequent printings.

Photo and Fine art Credits

cover: *My Pride and Honor (Mi orgullo y honor)* by Vincent Valdez Courtesy of Hispanic Magazine. Photographed by John Lei/Omni-Photo Communications, Inc.; **2:** Carolina Stein; **4:** Robert Frerck/Odyssey/Chicago; **5:** Courtesy of the Author; **7:** Alexandra Maldonado/SIS; **10-11:** Pete Saloutos/The Stock Market; **14:** Rosio Escobar; **15:** The Bettmann Archive; **19:** Arte Público Press; **20-21:** Roy Morsch/The Stock Market; **21:** (top) Rubén Guzmán (bottom) Bob Daemmrich/Stock Boston; **24 :** (inset) Photofest; **24-25:** (background) Russell Thompson/Omni-Photo Communications; **26:** Bror Karlsson/Omni-Photo Communications; **28-29:** James Marshall/The Stock Market; **30:** Silver Burdett Ginn; **31:** Silver Burdett Ginn; **32:** Addison Wesley; **35:** *Threads of Friendship Quilt*, Designed and made by the Cocheco Quilters Guild, Dover, NH. Collection of the New England Quilt Museum, 1995.02. Photograph courtesy of the Museum of American Folk Art; **38:** Superstock; **39:** Superstock; **40:** Neal Graham/Omni-Photo Communications; **41:** Dan Potash; **46:** *Portrait of Klara*, Rosa Ibarra, oil painting, Courtesy of the artist; **48:** Prentice Hall; **49:** (top) Dan Potash (tc) Gary Gay/The Image Bank (center) Dan Potash (bl) Garry Gay/The Image Bank (br) Garry Gay/The Image Bank; **50:** (top) Garry Gay/The Image Bank (bottom) Garry Gay/The Image Bank; **50-51:** Dan Potash; **51:** (top) Garry Gay/The Image Bank (bottom) Arte Público Press. Photo by Georgia McInnis; **52:** Arte Público Press; **55:** (top) Suzanne Murphy/D. Donne Bryant (bottom) D. Donne Bryant; **56:** (top) Superstock; **56-57:** (bottom) D. Donne Bryant; **57:** (top) Stephanie Stokes/The Stock Market; **58 :** D. Donne Bryant; **61:** *America II*, Diana Ong/Superstock; **63:** (inset) Superstock (background) T. Tracy/FPG International; **64-65:** Superstock; **68:** (inset) Courtesy of the author (background) Bob Firth/International Stock; **72:** Lou Bopp; **74:** Courtesy of the author; **77:** Courtesy Of The Author; **85:** © Roxana Villa/SIS; **90:** Comstock; **90-91:** Comstock; **94:** Rosio Escobar; **95:** Superstock; **96:** Kennan Ward/The Stock Market; **97:** Bob Abraham/The Stock Market; **98:** Sam C. Pierson Jr. /Photo Researchers; **103:** Courtesy of the author; **106:** Rosio Escobar; **107:** National Palace Museum, Taipei, Taiwan, Republic of China; **108-109:** Billy E. Barnes/PhotoEdit; **110-111:** John M. Roberts/The Stock Market; **112:** Carol Richman; **113:** *The Sacristan of Trampas, ca. 1915* (detail) Paul Burlin, Oil on canvas, 24 x 20 in. Collection of the Museum of Fine Arts, Museum of New Mexico, 1922; **117:** © Barton Stabler/SIS; **120:** (left) Dan Potash (right) Henry Cordero; **122:** (top) Paul Steel/The Stock Market; **125:** Grace Davies/Omni-Photo Communications; **126:** Mark Hill/Photonica; **127:** (left) Firebrand Books Photo by Linda Haas (right) Anna Elias; **128-129:** Superstock; **130:** *Heart for Harry* Dan Potash; **131:** Van Etten/Monkmeyer; **132:** Harald Sund/The Image Bank; **133:** (top) *Paris on a Rainy Day* - Art Institute/Chicago By Gustave Caillebotte - Robert Frerck/The Stock Market (bottom) Arte Publico Press; **136:** Indian Arts & Crafts Board, U.S. Dept of the Interior; **137:** Virginia Center for the Creative Arts, Photo by Craig Pleasants; **138:** John Taylor/Photo Researchers; **141:** S. Negandra/Photo Researchers; **143:** D.H. Chawda/Photo Researchers; **144:** Courtesy of the author;

Illustration

Alan Gross: **119**; Dan Potash: **12, 52, 75-77, 87-89, 94, 112, 130**

Electronic Page Makeup

Curriculum Concepts

Photo Research Service

Omni-Photo Communications, Inc.